大学英语教学方法与课程设计研究

王林　魏丽丽　杨娜芝　主编

延边大学出版社

图书在版编目（CIP）数据

大学英语教学方法与课程设计研究 / 王林，魏丽丽，杨娜芝主编. -- 延吉：延边大学出版社，2023.8

ISBN 978-7-230-05284-9

Ⅰ.①大… Ⅱ.①王… ②魏… ③杨… Ⅲ.①英语－教学研究－高等学校 Ⅳ.①H319.3

中国国家版本馆CIP数据核字(2023)第151250号

大学英语教学方法与课程设计研究

主　　编：王　林　魏丽丽　杨娜芝	
责任编辑：徐　翠	
封面设计：文合文化	
出版发行：延边大学出版社	
社　　址：吉林省延吉市公园路977号	邮　　编：133002
网　　址：http://www.ydcbs.com	E-mail：ydcbs@ydcbs.com
电　　话：0433-2732435	传　　真：0433-2732434
印　　刷：三河市嵩川印刷有限公司	
开　　本：710×1000　1/16	
印　　张：12.25	
字　　数：200 千字	
版　　次：2023 年 8 月 第 1 版	
印　　次：2023 年 8 月 第 1 次印刷	
书　　号：ISBN 978-7-230-05284-9	

定价：65.00元

前　言

21世纪以来，中国已经全面融入经济全球化、知识信息化的浪潮，在以和平与发展为时代特征的"地球村"中扮演着越来越重要的角色，也面临着越来越多的来自国内外的机遇与挑战。与各国经济文化等方面交流的增多，必然导致对我国外语人才的数量、质量、层次和种类提出更高的要求。掌握一门外语以主动融入国际交流是目前乃至未来社会人才必备的重要素质之一，这已成为国人的共识。

目前，英语教师鼓励学习者在学习过程中采用必要的学习策略来提高学习效率，此外，英语教师需充分利用互联网时代的红利，让英语教学真正地与实际生活相联系，创建全新的情境教学模式，让英语课堂从课本中走出来。在教学过程中，师生的关系是平等的，教师在课堂中应与学生积极互动、共同发展，教师可以采取启发、讨论的方式引导学生进行质疑、调查、探究，帮助学生获得知识，提高学生的语言运用能力。同时教师应在课堂上多给学生一些实践的机会，鼓励和引导学生在实践中学习，在教师的指导下主动地、富有个性地学习，以提高学生的学习兴趣和学习质量。即教师要打破常规，创新教学方法和课程设计。

本书以大学英语教学的基础知识为切入点，对大学英语课程设计、教学现状、教学方法、教学创新等进行了深入的研究和探讨。希望本书的介绍能够为读者在大学英语教学方法创新和课程设计方面提供帮助。

《大学英语教学方法与课程设计研究》一书共九个章节，字数20万余字。

其内容包括英语教学的理论基础、教学的策略、英语教学方法与课程设计概述、大学英语课程设计概述及大学英语文化教学法、分级教学法、翻转课堂法、混合式教学法、情感教学法等。该书由三峡大学科技学院王林、银川科技学院魏丽丽担任主编，其中第五章、第六章、第七章、第八章及第九章由主编王林负责撰写，字数10.2万余字；第一章、第二章、第三章及第四章由主编魏丽丽负责撰写，字数10.1万余字；全书由广东汕头幼儿师范高等专科学校杨娜芝负责统筹，为本书出版付出大量努力。

  本书作者均为高校英语教师，常年深耕教学一线，具有深厚的理论功底并积累了丰富的教学经验。本书采用理论与实践相结合的方法，阐述了大学英语教学理论基础及教学方法，以简明易懂的语言和生动的案例、清晰的框架，为英语学习者和英语教师提供了一份全面系统的学习材料。

  在写作过程中，笔者参阅了相关文献资料，在此谨向其作者表示由衷的感谢。由于笔者时间和水平有限，书中难免存在不足之处，希望得到广大读者的批评、指正，并衷心希望同行不吝赐教。

笔者
2023 年 6 月

目　　录

第一章　大学英语教学概述 1

　　第一节　英语教学的理论基础 1

　　第二节　大学英语教学内容 13

　　第三节　影响大学英语教学的因素 29

　　第四节　大学英语教学的基本原则 35

第二章　大学英语教学策略 43

　　第一节　教学策略的概念及产生途径 43

　　第二节　常见的大学英语教学策略 46

　　第三节　常见的大学英语学习策略 63

第三章　英语教学方法与课程设计概述 70

　　第一节　英语教学方法的定义 70

　　第二节　英语教学方法的基本架构模式 71

　　第三节　英语课程设计的定义 76

　　第四节　英语课程设计的基本架构模式 77

第四章　大学英语课程设计概述 83

　　第一节　大学英语课程设计的背景 83

第二节 大学英语高级选修课程设计研究 ... 86
第三节 解决大学英语课程设计所存在问题需遵循的原则 ... 90

第五章 大学英语教学方法——文化教学法 ... 93

第一节 实施文化教学的重要性 ... 93
第二节 文化教学的内容与方法 ... 96
第三节 文化教学法应用于大学英语教学的路径 ... 107

第六章 大学英语教学方法——分级教学法 ... 112

第一节 大学英语分级教学模式探索 ... 112
第二节 大学英语分级教学自主学习平台建设 ... 116
第三节 大学英语分级教学管理的优化路径 ... 121

第七章 大学英语教学方法——翻转课堂法 ... 128

第一节 翻转课堂的基础认知 ... 128
第二节 翻转课堂应用于大学英语教学的理论基础 ... 135
第三节 翻转课堂应用于大学英语教学的路径 ... 139

第八章 大学英语教学方法——混合式教学法 ... 146

第一节 混合式教学法概述 ... 146
第二节 大学英语混合式教学法的内涵 ... 148
第三节 混合式教学法应用于大学英语教学的路径——
以视听课程为例 ... 158

第九章 大学英语教学方法——情感教学法 162
第一节 情感教学的内涵 162
第二节 情感教学的目标与原则 171
第三节 情感教学的方法 175

参考文献 187

第一章　大学英语教学概述

第一节　英语教学的理论基础

　　英语教学是一种具有科学性的教学，是建立在一定理论之上的。但是，由于理论研究者的侧重点不同，所形成的理论对英语教学也有着不同的影响。了解英语教学的理论基础，有助于提高英语教学的有效性和科学性。

一、行为主义理论

　　行为主义诞生于 20 世纪 20 年代，其中以华生（J. B. Watson）的研究最为突出，因此其成了早期行为主义理论的代表人物。华生将行为主义研究的重点放在了动物和人的心理这两个重要方面。他比较注重客观事实，于是主张对于直接观察到的行为也要用客观的方法来进行研究。华生认为，人和动物的行为在某些方面具有很大的一致性，那就是刺激和反应。心理学所研究的只是局限于表面的刺激如何引起和决定反应的发生，而产生这种行为的内部过程是怎样的就不再去深究了。华生认为动物和人一样，所有的复杂行为的产生都是在一定的外部环境的作用下通过学习实现的。针对这种理论，他提出了著名的刺激—反应（S-R）公式，也就是行为主义心理学的公式。

　　该理论主张学习是一个人的外在的可见的行为表现，学习行为的产生依赖于一定的外界刺激，学习者对这些外界刺激作出反应便产生了相应的反应，这些反应我们就称为学习行为。后来行为主义学习理论得到了人们的普遍认可，被广泛应用于教育实践当中。该理论要求教师引导学生的学习行为并纠正学生的不当行为，要努力为学生创设适合学习的环境。教师也要看到学生的闪光之处，要最大限度地鼓励和强化学生适当的学习行为，相对削弱其不合适的学习行为。但是，行为主义学习理论也存在一定的弊端，该理论将教师的作用看得过于重要，教师在教学中占据着主导地位，而学生是教师灌输知识的对象，教师的职责就是向学生传授知识，而学生只要根据教师的教导消化和吸收知识即可。该理论并不注重学生学习的主动性和创造性，在很大程度上抑制了学生的创造天赋。

早期的行为主义还不够成熟，不过 S-R 公式对后续结构主义语言学的产生起到了重要作用。其中值得一提的就是，结构主义大师布龙菲尔德（L. Bloomfield）的代表作《语言论》的产生就与 S-R 公式的作用密不可分，并且在书中该公式理论清晰可见。在具体的论述过程中，他特别注重作为声音 S-R 言语行为的研究，他认为 S-R 是物理的声波，并将其应用到实际的语言教学过程中。简单来说，就是在语言教学过程中，首先由教师对学生产生声音刺激，然后学生再根据声音刺激作出相应反应。

同样，对华生的行为主义进行了继承和发展的还有美国学者斯金纳（B. F. Skinner）。1957 年，他发表了《言语行为》一书，他认为言语都不是主动生成的，而是在外界的某种刺激的作用下产生的。这里所说的"某种刺激"并不是一个特定指向，而是既有外部的因素也有自身的内部因素。同时，言语行为不断得到强化的过程也正是学生们获得适合的语言形式的过程。

行为主义和听说法在一定程度上存在着十分紧密的内在一致性。从某个角度来说，听说法的建立与行为主义中的语言学习理论的支持是分不开的。语言的学习和掌握是一个复杂的过程，即刺激—反应—强化，而且这个过程不是一蹴而就的，反映到实际的教学过程中，就是学生需要根据教师的讲授过程作出自己的反应，以表示这个过程是有效的。而教师的责任就是对学生的这一反应过程进行进一步的加强，然后根据学生的反应进行分析和判断，最后选出正确的并使其反复应用。需要注意的是，教师在教学过程中要特别注意培养学生好的学习行为，而对那些错误的行为要进行及时指正。

二、二语习得理论

二语习得理论的研究主要包括国内和国外两个方面，下面就从这两个方面分别进行讨论。

（一）国外二语习得的研究

在对一些资料进行学习和研究的基础上，以各阶段的发展顺序为主线，整个二语习得研究可以分为五个阶段。

1. 20世纪50年代以前

在20世纪50年代以前，人们还是以行为主义理论认识为基础来对母语与第二外国语言进行区别和划分的。在这一时期，语言学家进行了很多研究并发表了一些相关作品，也出现了一些与这些行为观点和理论相反的言论，最具代表性的就是乔姆斯基（A. N. Chomsky）的言论，只不过这些相反言论并没有引起社会和大众的足够重视。这一时期的二语习得理论还处于发展和研究阶段，距离发展成为一门独立学科还有一段时间。

2. 20世纪60年代

20世纪60年代早期，人们开始关注和研究第一语言习得理论中的儿童内在语法，这些研究都对后来的二语习得理论的研究起到了一定的辅助作用。

这一时期的主导性理论以乔姆斯基的理论为代表。在这一时期的后期，二语习得理论的研究得到迅速发展。从这个角度来说，二语习得理论的研究才开始进入白热化阶段。这一时期，研究者们关注的是语言教学法和教学质量提升的方法，最重要的还是研究人们通过什么样的方式来进行第二种语言的学习。

3. 20世纪70年代

到了这一时期，二语习得研究的重点转移到了学生身上。这一阶段产生的中介语理论可以说是在全世界范围内引起了强烈反响，甚至有人形象地将其比喻为学术界的第二次革命。

4. 20世纪80年代

到了这一时期，二语习得理论研究的重点又转向解释第二外国语习得和理论的测试方面，并相继出版了相关的作品。

这一阶段，得到突出发展的是普遍语法和二语习得理论。人们对二语习得理论的研究热情越来越高涨，并且很多人为此花费了大量的精力。很多研究者更是倾注毕生心血致力于二语习得理论和语言教学之间的内在联系，并取得了相应成果。

5. 20世纪90年代以后

20世纪90年代以后，很多研究者将研究的重点转向了研究学习者通过什么样的方式可以获得相应的第二语言上，这一时期二语习得理论得到了空前发展，各学者的观点和研究层出不穷，出现了百花齐放的局面。

到了21世纪，研究者们的研究重点又发生了变化，这一时期人们重点研究的是对学习产生影响的各种外界的社会文化因素，同时也有相应的理论著作诞生。这一时期具有代表性的理论要数社会文化理论和认知理论，有关这两方面的研究也层出不穷。

（二）国内二语习得的研究

相对于国际上其他的国家来说，我国关于二语习得理论的研究开始得比较晚，这与我国的发展历史是有一定关系的。在相关理论的支持下，我国二语习得理论的相关研究分为以下三个阶段：

1.1984 年到 1993 年期间

这一时期，人们对二语习得理论的研究还处于初级阶段，关注的主要是介绍、探讨和初步应用方面。对我国来说，真正意义上的二语习得理论的研究是到了20世纪末才开始的。1984年，当时北京外国语大学的胡文仲教授的一篇《语言习得与外语教学——评价克拉申关于外语教学的原则和设想》的文章在《外国语》上发表，这在当时引起了极大的轰动，可以说胡文仲是我国研究二语习得理论的第一人，这标志着我国正式进入了二语习得理论的研究阶段。从这以后，我国有关二语习得理论研究的文章出现在国内的各大期刊中，并迅速传播开来。

2.1994 年到 2004 年期间

这一时期是我国的二语习得理论研究平稳发展和趋于完善的阶段，我国的二语习得研究已经取得了相应进步，可以说已经比较完善了。

研究内容主要涉及以下四个方面：①研究类别向外进行扩张，主要包括理论和实际应用两个方面。②研究方法多样，包括思辨式、逻辑式以及经验型文献研究和更具科学化的实证性研究。③研究层面提升，我国有关二语习得的相关研究开始的时候只是停留在语素、语音、语法这三个层面，到了这一时期逐步向话语和应用的方向靠拢。④研究对象得以发展，并且学术研讨会还专门对相关的二语习得研究专题进行讨论。

这一时期，有关二语习得理论的相关文章相继得到发表，而且高校内还专门设立了相关的专业供大家学习，这使得我国有关二语习得理论的研究又上了一个新台阶。

3.2004 年至今

2004年至今，我国有关二语习得的研究也在不断进步和发展，不再是过去单纯地存在于认知方面，而是逐渐向认知与社会文化相结合的研究方向进行转移。社会文化理论的发展同时为二语习得理论的研究提供了帮助。

通过我国对二语习得理论的相关研究，我们发现，我国学者的相关理论对国际上关于二语习得的研究的发展也作出了一定贡献。只不过我们需要认识到的是，该领域的很多问题还没有得到根本解决，而且将来一定还会遇到更多的困难，因此我们需要更加努力进行探索和研究。

三、对比和错误分析理论

对比和错误分析理论一直也是我国英语教学发展进程中一个不可忽视的理论基础，以下就对其进行详细分析。

（一）对比分析与迁移

对比分析是一种应用性对比分析研究的理论，它的产生与行为主义心理学中的联想理论和刺激反应理论有着密切关系。以对比分析为基础，可以帮助解决外语教学过程中所遇到的一些问题，还可以分析出问题产生的原因，以此来促使语言学习行为的形成。

20世纪60年代以前，对比分析理论便已产生，而且将语言学习定义为：一种语言习惯从母语向外语进行迁移的过程。教师如果在进行外语教学以前就对所学语言和母语之间的区别进行了研究，就会很容易地发现其中的异同点，也能提前作出预防。当时的人们对这一方法很是认同，他们认为只要知道了母语和外语之间的差异，就可以对可能出现的问题进行一定程度的预测，而且即使是错误已经产生，也可以在对比分析的作用下得到解决。

关于这一理论的阐述有很多，比较具有代表性的要数美国语言学家拉多（R. Lado）在1957出版的一本名为《跨文化语言学》的作品了。书中，拉多将在二语习得过程中所遇到的问题与难题归结于母语的干扰，甚至从更深层次来说，是母语与外语结构上的差异所造成的。由此可以得出，在实际的二语习得教学过程中我们应该致力于对语言结构差异问题的解决。通常来说，语言之间的差异越大，学习者在学习过程中遇到的难点也就会越多。根据这一结论，拉多认为在实际的二语习得教学过程中，有关的考试方向的确定、教学内容的选择和教学大纲的设计的内容都要从对比分析理论的层面进行考虑。由于不同国家所使用的母语是不同的，那么在进行教材的选择时也应该将这一因素考虑进去，从而选择不同的教材。另外，拉多在他的书中还使用了举例子的方式来对对比分析进行解释和说明。例如，学生所使用母语的方言因素也会在一定程度上影响英语学习的效果。

（二）错误分析

根据前面对比分析理论的解释，该理论主要涉及的是母语和外语由于语言结构上的不同而导致的在学习过程中出现的问题，并且两种语言之间的差异越大，母语对学生在学习中产生的影响也就越突出。教师如果可以掌握其中的规律，就可以了解对学生二语习得造成影响的重要方面。只不过随着时间的推移，人们逐渐认识到母语并不是影响学生二语习得进程的唯一原因，甚至对对比分析预测出现的问题提出了疑问。基于这方面的原因，有些语言学家就开始致力于对外语学习者所产生的错误的研究，并对这些错误的类型进行归纳和分类，然后分析导致这些问题出现的原因。

学习者的错误可以分为两种，即"行为错误"和"系统错误"。例如下面两个错误：

例1：The thought of those poor children were really … was really bothering me.

译文：想到那些穷孩子就使我烦恼。

例2：She teached me English.

译文：她教我英语。

例1中出现的错误是使用者在使用语言时的"行为错误"，这种错误是比较容易发现的，大多只存在于表面上。其实在这一过程中，使用者是知道所使用的语言项目的正确用法和所用场景的。

例2中有关语言使用不恰当的错误,我们又将其解释为心理语言学研究中的"系统错误",另一种说法是"能力错误"。这种错误指的是学习者并没有意识到自身哪里出现了问题,从这个角度来说,这一错误就与学习者自身对语言的掌握能力有关了,而并不是使用层面的问题,所以也就有了"系统错误"一说。

学习理论不同,对所呈现出来的错误的看法也是不一样的。在行为主义心理学看来,人们对语言的学习过程是刺激与反应的发生过程,第二语言的学习也不过是一套美好习惯的形成罢了。持这一观点的人认为学生在使用外语的过程中所产生的错误在很大程度上与自身的还不完美的习惯有关,因此教学所要达到的目标就是想尽一切办法避免这种错误的发生,比较有效的方法就是教师在课堂上使用合乎规律的句型进行演练。

(三)对英语教学实践的启示

"语言迁移",从字面的意思进行解释就是在母语的习得环境中学习的知识逐渐向外语进行迁移的现象。在我国,大部分语言学习者都是在掌握了母语使用规范以后才开始学习外语的,所以在学习过程中母语的适应习惯就会时时刻刻影响外语的学习,这一过程可以理解为"语言迁移"的副作用。从这个层面来说,迁移就有了正、负两方面影响的区别。当外语与母语存在很大相似性时,发生的是正迁移;当外语与母语之间既有相似性又有本质上的不同时,就相应增加了负迁移的发生概率。

正迁移是指向着对学习语言习惯有利的方向进行转移的过程,当母语与外语的形式相同时就会发生正迁移,正迁移对学习者学习外语很有帮助。

负迁移对语言学习的作用在很大程度上是可以和"干扰"画等号的,是指按照母语的使用习惯和表达方式来描述外语的用法而带来的负面影响,会阻碍外语的学习。在实际学习过程中,母语负迁移的情况时有发生,这在成年学习者的身上表现得比较明显。此时他们已经完全掌握了母语的表达方式和习惯，因此在外语的学习过程中就会不自觉地引入母语的概念，这时候出现的错误就可以理解为母语对英语学习的负迁移作用。这种情况较多发生在学习者刚开始接触英语学习的时候，这时候英语对他们来说是完全陌生的语言，所以一切都会从母语出发，而且大部分的"中式英语"都是在这一阶段产生的。

行为心理学的研究结果显示，学生在英语学习过程中产生错误的原因归根结底还是其自身英语习惯的缺乏。因此，学生在学习过程中对出现的语言错误必须作出及时纠正，教师则要起到相应的监督和指导作用，发现错误苗头就要及时消灭。因为错误无论大小，对于正确的语言行为来说是极为不利的。但是在实际中并非如此，拒绝一切错误并不是明智的选择，并不是所有的错误都会对学习产生严重影响，有的错误产生的影响甚至是不明显的。从这个角度来说，教师要允许学生在学习过程中发生一定的错误，然后根据错误出现的类型进行有针对性的教学。例如，教师如果想要对学生重点进行句型方面的训练，就应该将精力放在对整体错误的识别上，制定有针对性的训练计划，而不是去搜集局部错误。

四、中介语理论

中介语通常将自身所具备的母语作为起点，第二语言的最终获得作为终点，中间的那部分内容都可以概括为中介语。"中介语"的概念最早是由英国的语言学家塞林格（L. Selinker）提出的，这主要源于他在1969年的时候发表了一篇名为《语言迁移》的文章，他在文中首次使用了"中介语"这一概念。接着在3年之后，他又发表了一篇名为《中介语》的论文，其中更是进一步对中介语的概念展开了全面剖析，确立了中介语理论在二语习得研究过程中的中心地位，让人们对中介语有了更深层次的认识，将中介语的理论研究推向了高潮。不过在此之前，也有学者曾使用过"近似语言系统""过渡能力"和"特殊的语言"等这些近似的术语对这一理论进行过阐述，不过影响范围较为深远的还要数"interlanguage"这一说法。

中介语理论的产生与外语学习过程是分不开的，但是其既与学习者母语不同，又与外语不一致的特性，决定了其在学习过程中随着发展进程的推进而发生动态变化，这种动态性变化指的是不断向目的语进行靠拢。而这种靠拢实际上就是母语向目的语的逐渐过渡，所以也就有了"过渡语"这一说法。

国内外有关中介语的研究一直没有间断过，始终处于发展阶段，但是所涉及的方面主要还是停留在母语与第二语言的对比分析和学习者学习过程中的错误分析这两个方面。中介语的作用是帮助学习者在进行第二语言的学习过程中学会使用中介语进行母语向目的语的过渡，以达到最终可以熟练运用的目的。从这个层面来说，中介语对进行第二语言学习的学习者来说就是不可逾越的一个步骤，甚至可以说是一个动态的连续体。

在此基础上我们可以总结出三种不同的观点，具体描述如下：①首先我们可以看出来的是，学习者不管是进行何种语言的学习，都和自己所持的母语是分不开的，都是以母语作为起点的。②我们可以认识到连续体都是以普遍语法作为开端的。③我们可以看到连续体都是以学习者的母语和普遍语法的混合体为开端的。

根据上面所阐述的理论，我们可以得出这样的结论，那就是影响中介语的因素并不是单一方面的，它主要受母语和第二语言的影响。

对中介语理论展开分析的过程，实际上也是一个不断发现的过程，通过对中介语的分析，我们发现如果以学生在第二语言学习过程中所产生的错误为出发点，可以有效反映出中介语的发展状况。这就要求教师在实际教学过程中不应该对学生的语言学习错误进行过多指责，而是要分情况进行宏观指导。如果教师此时一味指责，就会对学生学习语言的积极性造成一定影响，而作为学习者的学生则可以通过这一学习过程对自身的一些错误进行认识和改正。

有研究显示，过渡语在错误产生的背后发挥着持续的作用，而且还不断变化着，在此基础上构成了一个中介语连续体，并且一直存在于二语习得的整个过程之中。不过需要注意的是，在二语习得的过程之中我们允许一些错误的存在，然后对其产生的原因进行分析，以此促使学习者的中介语向更加完美的外语靠拢。

五、输出理论

输出理论也是影响语言学习的一个重要理论，并且发挥着重要作用，主要表现在以下几个方面：

（一）斯温纳输出假设

斯温（M. Swain）提出了输出对二语习得过程的重要作用，这一假设的提出主要是根据她的"浸泡式"教学实验。斯温提出了"浸泡式"教学的基本原则，她认为二语习得应该是进行一些其他学科学习的工具，而获得语言的过程就是学科内容的一种"附属品"。为了验证浸泡理论的正确性，斯温专门在加拿大进行了有关这一理论的实验，结果表明，使用浸泡理论的学生对第二语言的输出能力有了一定提升，但是如果与自身的母语相比的话还是存在一定差距的。斯温在对这一现象进行研究之后得出结论：产生这样的结果并不是因为学习者在语言输出方面的能力不足，而是因为可以向他们提供支持语言输出能力的活动非常有限。她认为她没有尽可能多地为自己的学生在课堂上创造充足的进行二语习得的机会，还有就是学生没有受到语言输出活动的影响而变得积极。她认为，语言输出对学习者来说作用是非常多的，具体主要包括以下三个方面：

第一，其作用主要表现在向学习者提供可以进行自我假设检验的机会。

第二，在一定程度上帮助学习者尽可能多地关注语言形式的内容。

第三，向学习者提供有意识地反思的机会。

斯温后续的工作就是对上面所说的三个重要作用展开实际论证。在她看来，只要学习者着手进行与语言有关的活动，就意味着与此相关的语言方面的障碍同时产生，而且这个障碍会在一定程度上不断指引他们将注意力偏向那些他们不是特别熟悉的方面。这样做对学习者来说，好处就是让他们尽可能地理解和掌握他们的真实表达意图与借助语言形式所表达出来的意思两者之间是有明显差异的。这种方式可以帮助学习者获得一定的语言学习方式，因为这种注意会在一定程度上对他们的认知活动产生一定的刺激，并使其活跃起来，而这种认知活动对于学习者来说有温故和求新的作用。

语言输出活动说到底就是一种学习者以交际作为前提而进行的有关语言形式和结构的重新规划。在这里学习者可以借助语言形式的帮助来检验这一规划是否合乎规范。如果没有这一相关理论存在，学习者就会缺乏足够的支持来对所提假设进行验证。

斯温指出，语言的输出功能可以对学习者有意识反思活动的形成起到辅助作用。当我们头脑中形成输出可以对语言形式进行检验的理论的时候，其实已经在心里认定两者是有内在联系的了。从这个角度来理解，语言输出所表现出来的就是语言形式对某一种有意义的行为的猜想过程。还有一种情况就是学习者除了对自己的假设进行了完全表达，还借助语言输出的形式对假设进行了进一步的反思检验，这种形式就相对增强了学习者对语言的把控能力。

（二）输出假设对外语教学的影响

语言输出的突出作用主要还是从帮助学习者提高语言的使用熟练度和让学习者认识到自身在学习过程中所存在的一些缺憾等方面体现出来。此外，学习活动的存在还可以从另一个角度刺激学习者对所提出的假设进行进一步检验,这也是翻译活动所必须经历的一个步骤。总之,语言输出假设理论对于外语教学来说意义还是比较重大的,具体可以通过以下方面来进行分析:

首先,如果单从认知的层面来说的话,语言输出是二语习得的保障。在进行外语教学的过程中,如果可以提前展开对语言输出活动的安排,就可以在一定程度上迅速提升学习者对语言形式的掌握程度和学习效率。不管怎样,层次丰富的语言输出活动对教学过程的影响以及对学生语言能力的提升都很有帮助。

其次,在相应的教材编写过程中,设计相应的角色扮演和小组讨论的练习活动,可以帮助学生理解输出的作用。

最后,当学生都认识到语言输出活动在语言学习过程中所起的重要作用以后,很多教师就在教学过程中加大了教学实践的比重。

第二节 大学英语教学内容

大学英语的教学内容是根据教育部办公厅印发的《大学英语课程教学要求》(以下简称《要求》)的内涵与宗旨制定的。《要求》中明确指出了大学英语教育的性质、目标、课程设置等相关内容。

大学英语的学习分为语言基础内容、文化嵌入与文化教学内容、文化心理项目、跨文化交际因素、语言知识、语言技能、学习策略、文化意识、情感态度九大板块。如果对以上几项进行概括,则可以分为两大块内容,即语言知识与技能教学和文化教学。

一、语言知识与技能教学

语言知识与技能教学具体来说包括语法结构、功能意念、语言技能、阅读技能、写作技能、翻译技能。

（一）语法结构

英语语法是语言学家在对英语语言进行研究后，系统地总结归纳出来的一系列语言规则。英语语法的精髓在于对语言的使用，包括对词的使用，对时态、语态、语气的使用，对句子成分和结构的认识。

1. 对词的使用

这里首先要明确英语中词的分类。英语中的词分为实词与虚词。实词指的是能够独立构成句子成分的词，包括名词（表示人或事物的名称，分为普通名词与专有名词）、代词（代替名词、形容词或数词，分为人称代词、物主代词、反身代词、相互代词、指示代词、疑问代词、不定代词、关系代词、连接代词和替代词）、数词（表示数量或顺序，分为基数词与序数词）、动词（表示动作或状态，分为实义动词、系动词、助动词、情态动词等）、形容词（表示名词的特征）、副词（修饰动词、形容词、其他副词或全句，表示状态特征或行为，分为时间和频度副词、地点副词、方式副词、程度副词、疑问副词、关系副词、连接副词等）。而虚词则指不能在句子中充当任何独立成分的词，包括冠词（用在名词前，说明名词所指的人、物）、介词（用在名词、代词前，表示名词、代词等与其他词的关系，分为简单介词、合成介词、重叠介词、短语介词、分词介词）、连词（用来连接词与词、短语与短语、句与句，分为并列连词、从属连词）、感叹词（表示说话时的感情或口气）。

明晰了词的分类，还需对其变化形式有所了解。英语中词的变化也包含着诸多内容：

（1）名词

名词的变化涉及名词数的变化以及所有格的变化。名词数的变化分为规则变化与不规则变化。规则变化中，有直接在名词末尾加 s 的；有在以 s、x、ch、sh 等结尾的名词后加 es 的；以辅音字母加 y 结尾的则变 y 为 i，再加 es；以 o 结尾的名词，如果名词表示的是没有生命的，直接加 s，如果名词表示的是有生命的，则在结尾加 es；以 f、fe 结尾的，去掉 f、fe，加 ves。碰到不规则变化的情况时，有不变、变元音和其他情况，需要具体情况具体分析，单独识记。

名词的所有格是表示名词所属关系的，它的变化分为单数名词、复数名词以及其他不能加 s 的名词三种形式。对单数名词来说，以 s、es 结尾的，直接在名词后加 s，而不以 s、es 结尾的，则在名词后加's。如果是复数名词，规则与单数名词一致。但有一种特殊情况，就是碰到其他不能加's 的名词时，要用"…of…"形式。

（2）代词

要具体区分三类代词，即人称代词、物主代词和反身代词。人称代词分主格和宾格两类，单数和复数也有所区别。物主代词分为形容词性物主代词和名词性物主代词两种。需要注意的是，形容词性物主代词相当于形容词，置于名词前作定语。名词性物主代词相当于名词，不能用于名词前。反身代词是一种表示反射或强调的代词，用反身代词指代主语，能使施动者把动作在形式上反射到施动者自己身上。第一、第二人称的反身代词是由形容词性物主代词加上 self 或 selves 构成的。其中，selves 是当形容词性物主代词为复数时才用的。第三人称的反身代词是由人称代词的宾格加上 self 或 selves 构成的，selves 是当形容词性物主代词为复数时才用的。

（3）数词

数词表示数量或顺序等，分为基数词和序数词，基数词表示数目的多少，序数词表示事物的先后顺序，常与定冠词 the 连用。

（4）动词

动词需要注意的是第三人称单数形式和现在进行时。动词采用第三人称单数形式时，一般情况下在动词后加 s；以 s、x、ch、sh 结尾的词加 es；以辅音字母加 y 结尾的动词，把 y 变 i 加 es。

采用现在进行时形式时，一般情况下，直接在结尾加 ing；以 e 结尾的，去掉 e，加 ing；以重读闭音节结尾，末尾只有一个辅音字母的，双写辅音字母加 ing。

还有一类特殊的动词是情态动词，情态动词要与动词原形及其被动语态一起使用，给谓语动词增添情态色彩，表示说话人对有关行为或事物的态度或看法，认为其可能、应该或必要等。这里要强调的是，情态动词后面要加动词原形，不能表示正在发生或已经发生的事情，只表示期待或估计某事的发生，除 ought 和 have 外，后面只能接不带 to 的不定式，不随人称的变化而变化，不受任何时态影响。

情态动词没有非谓语形式，即没有不定式、分词等形式。

（5）感叹词

感叹词是指在说话时表达喜、怒、哀、乐等情感的词。它不构成后面句子的一个语法成分，却在意义上与其有关联，后面的句子一般说明这种情绪的性质、原因。感叹词是英语口语中最富有表现力的词类之一，用途甚广。

2.对时态、语态、语气的使用

时态是一种动词形式，不同的时态用以表示不同的时间与方式。动词时态是表示行为、动作和状态在各种时间条件下的动词形式。因此，当我们说时态结构的时候，指的是相应时态下的动词形式。

动词的基本时态有四种，即一般时态、进行时态、完成时态、完成进行时态。一般时态包括一般现在时、一般过去时、一般将来时、一般过去将来时；进行时态包括现在进行时、过去进行时、将来进行时、过去将来进行时；完成时态包括现在完成时、过去完成时、将来完成时、过去将来完成时；完成进行时态包括现在完成进行时、过去完成进行时、将来完成进行时、过去将来完成进行时。

语态是描述句子中动词和参与此动作的主语之间关系的一个术语。如果主语是动作的发起者，则为主动语态；如果主语为动作的承受者，则为被动语态。

主动语态主语是谓语动词的施动方，它直接使用动词原形作为谓语，然后再在该动词原形的基础上施加时态和其他语法。而被动语态表示主语是动作的承受者，主语是谓语动词的受动方。它是由助动词 be 和及物动词的过去分词构成的。被动语态的时态变化只改变 be 的形式，过去分词部分不变。疑问式和否定式的变化也是如此。

主动语态与被动语态之间可以相互转化。在将主动语态转变为被动语态时，要先找出谓语动词，然后再找出谓语动词后的宾语，把宾语变为被动语态中的主语，但在这里需要注意人称、时态和数的变化。另外，在使用被动语态时，要清楚不及物动词没有被动语态；有些动词用主动形式表示被动意义；感官动词或使役动词使用省略 to 的动词不定式，主动语态中不带 to，但变为被动语态时，要加上 to；如果是将接双宾语的动词改为被动语态，则直接用宾语作主语，那么动词后要用介词，这个介词是由与其搭配的动词决定的；一些动词短语变为被动语态时，动词短语应当看作一个整体，而不能丢掉其中的介词或副词。

语气是动词的一种形式，它表示说话人对某一行为或事情的看法和态度。语气可分为表示动作或状态是现实的、确定的和符合事实的陈述语气；表示说话人的建议、请求、邀请、命令等的祈使语气；表示动作或状态不是客观存在的事实，而是说话人的主观愿望、假设或推测等的虚拟语气。

3.对句子成分和结构的认识

英语中的句子一般由主语和谓语两个部分组成，主语是名词或动名词，谓语则是动词。句子成分是句子中起一定功用的组成部分。句子由各个句子成分所构成，句子的组成部分包括主语、谓语、宾语、定语、补语、状语、表语七种。每一个句子必须包含主语、谓语和宾语。而其他成分要视具体情况而定，并非必要元素。

（1）句子成分

①主语

主语是句子叙述的主体，一般位于句首，可作主语的有名词、代词、数词、名词化的形容词、不定式、动名词和主语从句等。

主语是句子陈述的对象，指出是谁或是什么。

②谓语

谓语是用来说明主语所发出的动作或具有的特征或状态的，一般由动词充当。谓语是对主语动作或状态的陈述或说明，一般位于主语之后。

③宾语

宾语是指一个动作的对象或接受者，常位于及物动词或介词后面。宾语分为直接宾语和间接宾语两大类，其中直接宾语指动作的直接作用对象，而间接宾语说明宾语并不是动作的直接作用对象，但受动作影响。一般而言，及物动词后面至少要有一个宾语，而该宾语通常为直接宾语，有些及物动词要求有两个宾语，则这两个宾语通常一个为直接宾语，另一个为间接宾语。名词、代词、数词、动名词、带 to 的不定式等都可以作宾语。

④定语

定语是用来修饰、限定、说明名词或代词的品质与特征的成分。定语主要作形容词，此外还有名词、代词、数词、介词短语、动词不定式、分词、定语从句，或相当于形容词的词、短语或句子。汉语中常用"……的"表示，它是定语的标志。定语和中心语之间是修饰和被修饰、限制和被限制的关系。在汉语中，中心语与定语二者之间有的需要加结构助词"的"，有的则不需要，还有的可要可不要。而在英语中则没有如此细致的分类。

⑤状语

在英语句子中，用来修饰动词、形容词、副词等的句子成分叫作状语。

状语的主要作用是说明地点、时间、原因、目的、结果、条件、方向、程度、方式和伴随状况等。其一般由副词、介词短语、分词和分词短语、不定式或相当于副词的词或短语来担当。其一般位于句末，但也可以位于句首或句中。

⑥补语

英语补语的作用对象是主语和宾语，它具有鲜明的定语性描写或限制性功能，在句法上具有重要的补充说明作用。最常见的是宾语补足语，作宾语补足语的可以是名词、动名词、形容词、副词、不定式、现在分词、过去分词。

⑦表语

表语是用来表示主语的身份、性质、品性、特征和状态的句子成分，表语通常由名词、形容词、副词、介词短语、不定式、动词的进行时形态、从句来充当，其位置常在系动词后。这里还有一种特殊情况，如果句子的表语也是由一个句子充当的，那么这个充当表语的句子就叫作表语从句。

⑧同位语

当两个指代同一事物的句子成分放在同等位置，一个句子成分可被用来说明或解释另一个句子成分时，起说明、解释作用的成分就叫做另一成分的同位语。这两个句子成分多为名词或代词，同位语通常放在其说明的名词或代词之后。同位语和补语在某些句子中有相似之处，但也存在着一定的区别，表现为补语不能缺少，同位语可以缺少。

⑨独立成分

当一个词、短语或从句用在句子里面，与句子中的其他成分只有意义上的联系而没有语法关系时，它就被称为独立成分。常见的独立成分有惊叹语、插入语、介词短语、由非谓语动词所构成的短语及形容词、副词所引起的词组等。

（2）句子结构

了解了句子成分，下一步就要了解一下句子的结构了。句子按其结构可分为简单句、并列句和复合句。

①简单句

简单句通常分为五个基本句型：

第一种句型是由主语与谓语构成的，这种句型被称为主谓结构，其谓语一般都是不及物动词；第二种句型是由主语、系动词和表语构成的，这种句型被称为主系表结构，在这一句型结构中，系动词在形式上也是一种谓语动词，系动词与表语一起构成了复合谓语；第三种句型为主语、谓语加宾语的结构形式，这种句型被称为主谓宾结构，它的谓语一般多是及物动词；第四种句型是由主语、谓语、间接宾语与直接宾语构成的，这种句型被称为主谓宾宾结构，其谓语是及物动词，两个宾语是有所不同的，其中一个是间接宾语，另一个是直接宾语。第五种句型是由主语、谓语、宾语和宾语补足语构成的，这种句型被称为主谓宾补结构，其补语是宾语补语，与宾语一起构成复合宾语。

在简单句中，还有一种特殊的句型需要注意，即 it 引导的结构句型。在这种句型中，it 既是代词又是引导词。it 作代词时，它可作人称代词、指示代词、非人称代词，用于前指、非确指或习语中。但在作引导词时，它本身无实义，只起先行引导的作用。它可作形式主语或形式宾语，而实际的主语或宾语则是不定式、动名词或名词从句，它们的位置在形式主语或形式宾语之后。it 也通常用于强调句结构。

②并列句

并列句是由两个或两个以上的简单句用并列连词连在一起构成的句子，其基本结构是"简单句＋并列连词＋简单句"，常用的并列连词有 and、but、or、so 等。并列句中的几个简单句意义同等重要，它们相互之间互不从属，是平行并列的关系。

③复合句

复合句指的是由一个主句和一个或一个以上的从句构成的句子。在复合句中，主句是全句的主体，通常可以独立存在；而从句则是一个句子成分，不能独立存在。虽然从句不能单独成句，但它也有主语部分和谓语部分，就像一个句子一样。不同之处在于，从句由一个关联词引导。按类型分，从句可分为主语从句、宾语从句、表语从句、同位语从句和其他从句。

其中，主语从句是从句作主语的句子。主语从句通常由从属连词 that、whether、if 和连接代词 what、who、which、whatever、whoever 以及连接副词 how、when、where、why 等构成。that 在句中没有实际意义，只起连接作用，而连接代词和连接副词在句中既保留了自己的疑问含义，又起到连接作用，在从句中充当从句的成分。

在句子中作宾语的从句叫宾语从句。引导宾语从句的关联词与引导主语从句、表语从句的关联词大致一样，在句中可以作谓语动词、介词、非谓语动词的宾语。具体来说，宾语从句可分为由连接词 that 引导的宾语从句，由 who、whom、which、whose、what、when、where、why、how、whoever、whatever、whichever 等关联词引导的宾语从句，以及由 whether、if 引导的宾语从句。由 that 引导的宾语从句，that 在句中没有实际意义，并且在口语或非正式的文体中常被省去，但如果从句是并列句，第二个分句前的 that 不可省略；用 who、whom、which、whose、what、when、where、why、how、whoever、whatever、whichever 等关联词引导的宾语从句相当于特殊疑问句，句子要用陈述语序，用 whether 或 if 引导的宾语从句，仍保持陈述句语序。

表语从句是指在句中作表语的从句。引导表语从句的关联词与引导主语从句的关联词大致一样，其位置在系动词之后，有时用 as if 引导。

同位语从句的作用是说明其前面名词的具体内容，同位语从句通常由 that 引导。可引导同位语从句的名词有 advice、demand、doubt、fact、hope、idea、information、message、news 等。

（二）功能意念

功能和意念实际上是语言行为的两个组成部分。功能是指语言使用者通过语言来完成某件事情，以达到某种交际目的，如请求、建议、邀请、命令、希望、拒绝等，所以语言的功能是让人们在各种情境、语境中使用语言进行社交活动的一种概念。意念则是表示交际的内容，即人们在使用语言实现某种功能时所涉及的或需要处理的概念及它们之间的关系，如时间、空间、数量、条件、因果等。所有的语言功能都要通过意念来起作用，一般可以用 why 来检验功能，确定交际目的或意图，而用 who 或 what 来检验要达到交际目的所涉及的意念，例如提出邀请这个语言行为本身就是功能，邀请谁，邀请干什么就涉及意念了，所以意念是由话题来决定的。功能意念的优势是重视语言使用的内在动机，能够为语言教学提供更加现实而真实的内容，使课程设置更加灵活，还能够大幅提高教学质量。但是功能意念的概念也存在着一些不足之处，如项目分级不够科学导致缺乏系统性；功能性太强，在解决结构与功能的有效结合等问题时显示出一定的矛盾性。

由功能意念的概念及其大纲衍生出了功能意念教学法。它是一种直接让外语学习者用所学外语在实际交际中明确需要做什么或表达什么意义，或者要达到什么交际目的，据此选择和安排语言内容的教学方法。此种教学方法在与情境教学法结合使用时，将是目前培养学生外语交际能力的一种最理想、最有效的教学手段。

功能意念可分为六大类：包括介绍或了解事实（识别、报道、更正等）、表明及询问对事物的看法（同意、反对、否认等）、表达及了解情感关系（高兴、不悦、喜爱、厌恶等）、表明及询问对事物的态度（道歉、原谅、不满等）、社交（问候、介绍、告别等）、办成事情（建议、要求、邀请等）。但也有人将其细分为十个方面：寒暄（问候、告别、介绍、道歉、邀请、提议等）、态度（决心、同意、命令等）、情感（高兴、担忧、失望、恐惧等）、时间（时段、时间关系、时序等）、空间（位置、方向、距离等）、计量（长度、宽度、深度、速度等）、信息（定义、解释、叙述、结论等）、关系（比较、差异、目的、假设等）、计算（加、减、乘、除等）与特性（形状、颜色、规格、功能等）。但无论是哪种分类，都反映了学生对语言交际功能的需求。

（三）语言技能

语言技能是构成语言交际能力的重要组成部分。语言技能包括听、说、读、写四种基本技能以及对这四种技能的综合运用能力。其中，听和读属于理解技能，说和写属于表达技能，这四种技能在语言学习和交际中相辅相成、相互促进。学生应通过大量的专项和综合性语言训练，培养良好的语言运用和交际能力，打下坚实的基础。因此，听、说、读、写四种能力既是学习的内容，又是学习的手段。在多数情况下，语言技能培养的目标是让学生在某个级别能做到应该做的事，这样的目标设定既可以调动学生学习的积极性，促进学生语言运用能力的提高，也有利于科学、合理地评价学生的学习结果。

语言技能的训练包括十三个方面，分别是辨别音素，辨别重音，辨别语调，理解话语的交际能力，理解语篇的主题或大意，领会说话人的观点、态度或意图，语音语调的标准化，善于提问和回答，复述故事或短文，就日常生活话题进行对话，口头作文，采访书，即兴简短演讲。这里主要介绍前三类的基础性技能与训练。

1.辨别音素

音素是语音中最小的单位，依据音节里的发音动作来分析，一个动作构成一个音素。音素分为元音、辅音两大类。英语国际音标共有 48 个音素，其中元音音素 20 个、辅音音素 28 个。

（1）元音音素

元音是在发音过程中由气流通过口腔而不受阻碍发出的音，又具体分为单元音与双元音。

（2）辅音音素

辅音与元音相对，是指在发音的时候，从肺里出来的气，经过口腔或者鼻腔时受到阻碍形成的音。辅音分为清辅音与浊辅音。

(3) 读音规则

在进行元音与辅音的读音练习时，首先进行辅音的发音练习。因为辅音的发音规则较简单，在了解了辅音的发音规则以后，再研究元音的读音规则。

元音音素的读音也会因不同的字母组合而不同，所以元音音素的读音规则要联系单个元音字母、元音字母组合、元音字母和辅音字母的组合一起识记才能达到效果。

2.辨别重音

在语音学中，重音是相连的音节中某个音节发音突出的现象。而在英语的语音当中，需要记住两个原则：第一，一个单词只有一个重音，若听到有两个重音，说明有两个单词。但当单词较长时，也会出现主要重音与次要重音。在发音时，后者比前者要轻一些。第二，发音时重音要落在元音而不是辅音上。

但如何分辨重音呢？现阶段我们只能根据一些基本的读音规则来学习相关的重音阅读知识。但是，虽然学习了相关知识，我们也不可对此知识过分依赖，也应注意特殊情况要特殊处理。最好的方法就是在具体语境中体会语言的韵律，然后自然而然地把重音加上去。或者在教学生查字典时，除了让学生掌握基本规则，还要鼓励学生识记特殊情况。

3.辨别语调

语调，即说话的腔调，就是一句话里声调高低抑扬轻重的变化。英语的基本语调包括升调（↗）和降调（↘），它们还可以组合成降升调、升降调和升降升调。与汉语相似，用不同的语调说出的句子会有不同的意思。

升调表示"没有结束"或者"不肯定"的意思，常见的一般疑问句都用升调来读。升调的特点是：

第一，整个句子的音调从第一个重读音节开始，从高到低，依次降调，但在最后一个重读音节上变为上升语调。

第二，若最后一个重读音节后有非重读音节，则在读出此句子时依次升调。

第三，若句子以非重读音节开始，则它们的语调低平。

第四，句中的非重读音与它前面的重读音基本在同一音高上，或依次降调。这里有一个口诀可有助于记忆：重读音节依次降调，句末重读回升上滑。

降调则表示"结束"或者"肯定"的意思，常见的一般陈述句、命令祈使句和特殊问句都是使用降调来读的。使用降调的句子还有着自身的特点：

第一，整个句子的音调从第一个重读音节开始，从高到低，依次降调，在最后一个重读音节上语调滑落下降。

第二，若最后一个重读音节后有非重读音节，则它们的语调低平。

第三，若句子以非重读音节开始，则它们语调低平。

第四，句子中的非重读音节与它前面的重读音节基本在同一音高上，或略为下降。降调的口诀为：重读音节依次降调，句末重读降落下滑。

英语的语调中除了基本的升调和降调，还有降升调、升降调和升降升调等组合。其中，降升调在英语中也比较常用，它常表示"对比""态度保留""有言外之意"；升降调常表示语气强烈、惊奇、自满得意等感情；升降升调常表示自信、欢快、洋洋得意等感情。

（四）阅读技能

阅读技能是言语技能的一种，也是控制和调节阅读活动的心智活动方式之一。阅读技能是在阅读活动过程中形成和发展起来的，主要包括理解主题和中心思想的能力、辨认关键细节的能力、区分事实和看法的能力、推论和做结论的能力、略读以获取文章大意的能力、快读以查找特定信息的能力、利用上下文线索猜测生词或短语含义的能力、理解句子内部关系的能力、参阅附加信息技能的能力。

而概括来说，阅读技能就是根据一定目的寻找、选择必读材料的技能，使用工具书的技能，根据不同目的选择并熟练运用适当阅读方式的技能，边阅读、边思考、边做笔记的技能，等等。阅读技能是现代阅读教学的重要内容，在训练时应遵循由易到难、由浅入深、循序渐进的原则。

要训练阅读技能，需要从以下几个方面入手：

第一，采取科学的记忆方法，扩大词汇量。掌握大量词汇尤其是生词是提高英语阅读技能的基础，如果词汇量匮乏，就会对阅读英语文章产生极大障碍。学生需掌握 4 200 个单词以及由这些单词构成的常用词组，同时应具有按照基本构词法识别生词的能力。而掌握词汇绝不能靠死记硬背，必须采取科学的记忆方法，扩大生词词汇量，如可利用同根词扩大词汇量。在所有构词法中，缀合法是构词能力最强的一种，它是英语扩展词汇的重要途径。因此，教师可充分利用构词法通过添加前缀、后缀，交叉合成等手段使学生产生联想记忆，还可利用合成词的方法扩大词汇量。合成词是指把两个或两个以上的独立词合在一起构成的新词。

第二，要培养正确的阅读方法。使用正确的阅读方法往往能使我们的阅读达到事半功倍的效果。在阅读时，大致可以采用以下三种方法：第一种为略读法，即在阅读时，可以略去一些材料不读，如果感到自己已经掌握了文章的主旨大意，完全可以省略其他内容。略读的应用范围很广，包括阅读教科书、考试用书、课外书籍和报刊等，同时略读还是精读的必要准备环节。第二种方法为查读法，这种方法是为查找某一特定信息而进行的阅读，速度比略读还要快，而且目的性强。一旦找到答案，就会立即停止阅读。第三种方法为研读法，也叫精读法，主要用于学习和研究，这种方法对学生阅读能力的提升有很大帮助，通过这种方法，学生可以对语法、文章结构等有详细、全面的认识，也能使写作能力进一步提升。但这种方法耗时费力，不适合在考试当中使用。

第三，熟悉了阅读方法后，还要掌握正确的阅读技巧。一般的阅读技巧有三种：第一种是略读，即快速浏览文章并在短时间内掌握文章大意，找出主旨句，进而掌握文章的中心思想。第二种是跳读，跳读的目的是快速定位文章中某些特定的信息，如时间、地点、人物、数字等细节。第三种是细读，运用此种方法阅读文章，要对文章的关键词句仔细推敲，不仅要理解其字面意思，还要通过推理和判断理解其内在含义。而对于含义深刻的长句，还要对其进行语法分析，理解其含义，同时理顺文章的内在关系，对文章结构进行深入理解。

第四，要加强对语言文化背景知识的学习。任何一种语言的学习都不是孤立的，都需要学生了解相关的语言文化背景，英语也是。如果没有相关的背景文化做支撑，对于部分英语句子的理解将出现偏差，影响对整句话乃至整篇文章的理解。因此，学生要加强对与语言相关的人物历史、科普常识、文化习俗等知识的学习，这样才能加强对相关语句以及文章的理解。

第五，增强英语思维能力。在学习英语时，不能以自己固有的思维方式去理解，要学会用西方的思维方式来分析词语、句子及其内在联系。这样才能从整体上把握文章的篇章结构，找出主旨句，理解文章的中心思想，提高语言分析能力。

（五）写作技能

写作技能是对自己的积累进行选择、提取、加工、改造的能力。英语的写作包括句子写作、段落写作、篇章写作。

要想提高英语写作能力，需从以下几个方面入手：

第一，扩大词汇量。和汉语类似，词汇是英语写作的基础，只有在掌握丰富的词汇量的前提下，学生才能使写出的文章有血有肉。扩大词汇量的方法，在前面训练阅读能力时已经有所提及，这里就不再赘述了。

第二，进行扩句练习。在能够书写单词与词组的基础上，将词与词组联结成语义连贯、结构完整的句子。在进行扩句练习时，首先要掌握不同句型的结构、用法以及使用中的注意事项，然后就要开始进行扩展句子的练习了。

练习的内容包括：句型转换、对语言错误的分析，以及英汉互译。学生可以针对一些常用句型进行形式多样的训练，学习一些句型转换的方法，如同义词替换、从句转换等。学生要通过句型转换的训练，把课堂练习与课后练习结合起来，来锻炼扩展句子的能力；对语言错误进行分析，在完成扩写之后，要对完成的句子进行分析，发现句中存在的错误以及产生错误的原因，摆脱母语及其他因素对外语学习的干扰，逐步向目的语靠拢，写出规范的句子来；此外，还可以通过英汉互译用已学的单词造句，这样不仅巩固了词汇和语法知识，而且也训练了多种不同的句式。

第三，将句子连成文章。在拥有了一定的词汇量，并能够顺畅地完成扩句后，下一步就要将句子连成完整的文章了。在将句子连成文章时，学生要厘清句子在文中所起的作用以及句与句之间的关系，掌握段落的主旨句、扩展句和结尾句的不同特点。

（六）翻译技能

翻译就是运用一种语言把另一种语言所表达的思想内容准确而完整地重新表达出来的语言活动。

相较于听、说、读来说，翻译更有难度，它需要译者能够应用英汉两种语言进行熟练的转换。所以，翻译不仅仅体现了译者的英语水平，还体现了其汉语水平。在互译的过程中，需要注意一项原则，即无论是汉译英还是英译汉，都要做到信、达、雅。这和中国的古汉语译为现代汉语是一个道理。信，指的是翻译要准确，所表达的意思要清楚；达，指的是翻译要通顺流畅；雅，则指的是翻译的句子要优美生动。另外，翻译还包括口头翻译。这就对译者提出了更高的要求：不仅要有很强的翻译能力，还要很机敏，反应迅速。

要想提高翻译能力，首先要熟练掌握汉英语言。只有熟悉了两种语言的区别与联系，才能做到自由转换。其次也要加强训练，可以先翻译片段，然后再翻译文章。在平时的对话中，学生也可以练习用英语进行交流，这也是提高翻译能力的一种方法。最后可以尝试模仿名家翻译，通过模仿，总结翻译的方法。还有一点需要注意，即在进行翻译时，要做到不断修改，学会意译，而不是直译，使翻译更具美感，达到"雅"的要求。

二、文化教学

语言是文化的载体,是文化的主要表现形式。语言是社会民族文化的一个组成部分,是随着民族的发展而发展的。不同民族有着不同的文化历史背景与风俗习惯,而各民族的文化和社会风俗又都蕴含在该民族的语言之中。语言离不开文化,文化依靠语言,英语教学也是语言教学,自然也离不开文化教学。

在文化学习的过程中还涉及跨文化交际。跨文化交际需要有跨文化意识,跨文化意识是指对异国文化与本国文化之间异同的敏感度,以及在使用外语时根据目标语包含的文化内涵来调整自己的语言理解时产生的自觉性。试想如果一个学生能说一口流利的外语,却因中西方的文化差异而出现语言用法的失误,这必然会导致交际双方产生误解。这种误解会给学生的社会交际带来许多麻烦。因此,在外语学习中,学生要大量接触并学习外国文化知识,培养文化意识,在跨文化交际中充分发挥语言交际的功能,从而达到交际的目的。

第三节 影响大学英语教学的因素

一、国家教育政策

我国大学英语教学受国家教育政策的影响。例如,全国性的针对非英语专业学生的大学英语四、六级考试影响较大,每年大学英语四、六级考试期间,相应的附属产品便占据了面向高校学生的书店。

除了大学英语四、六级考试，教育部颁布的任何一项有关大学英语教学的规章制度都会对大学英语教学产生极大影响。大学英语教学改革对大学英语教学产生了以下几个方面的积极影响：

第一，大学英语教学改革促进了学生英语综合应用能力，尤其是听说能力和自主学习能力的提高。

第二，大学英语教学改革使大量新型的、复合型的大学英语教师涌现出来，这些教师熟悉外语教学的相关理论，有较强的英语运用能力，能合理运用现代教育技术，并能灵活使用计算机进行教学。在改革的过程中，有些教师及时转变教学理念，并将这些理念转变为自觉的教学行为，努力转变角色，使自己成为英语教学的指导者、促进者、监控者和管理者。

第三，大学英语教学改革还有助于大学英语教学管理机制的健全。有的学校采用了项目驱动、绩效管理的方式，并逐渐形成激励机制；有的学校形成了校园二级督导和师生教学评价机制，并形成了健全的保障机制。

二、经济发展需求与社会环境

随着经济的快速发展，我国对具有英语（或者其他外语）语言能力人才的需求越来越大，要求也越来越高。越来越多的中国人和中国企业走出国门，越来越多的外国人和外国企业也走进了中国，引发了中国人学习英语（或者其他外语）的热潮。大学英语四、六级就是在这一时代背景下逐步成长和壮大起来的，同时它也对大学英语教学起到了一定的反向促进作用。社会的需求使大学英语教学显得越来越重要。但是，对不同人才的具体要求也是不同的。例如，随着我国与世界交流的日益频繁以及国际地位的日益攀升，我国对专业的同声传译人才的需求越来越大，可是专业的同声传译人才却供不应求。目前，专业的同声传译人才在北京、上海、广州都不多，其他城市更加稀缺。同样，我国许多行业对英语专门人才的需求量也很大,但这样的人才也少得可怜。当今社会对外语人才的需求已发生了较大变化,目前市场对纯外语人才的需求并没有那么大,而是更需要一些英语专门人才。现在我国懂外语的人很多,但能熟练使用外语的工程技术、金融、信息技术(Information Technology, IT)等人才却很少。据了解,当前有很多IT行业都在实行软件外包,外语对项目开发有着重要作用。从事这些项目的技术人员仅凭几百个专业词汇是不足以读懂计算机科技类文章的,因此外语水平的高低直接决定着从业人员的发展前途。此外,中国社会还需要一些外语人才,如外交官、科研人员等,这类人才需要具备与其工作相应的外语能力。对于普通的群众,只需具备大众层次的外语能力,可以在一定场合用英语进行简单交际即可。当然,还不乏有一些人因为个人的兴趣爱好而去学习外语。

总而言之,我国社会经济发展的需求与社会环境对大学英语教学的影响是很大的。社会对英语人才的需求量越大、质量要求越高,对大学英语教学的推动力就越强。

三、教师

教师是大学英语教学的重要因素之一,在英语教学中起着主导作用。在大学英语教学中,教师一般会扮演两种角色,即掌控者和引导者。作为一位合格的英语教师,首先应该具有纯正的英语发音。然而,并非所有的英语教师都具备这一能力,教师可借助广播、多媒体等手段来弥补自己的不足,保证学生能听到纯正的英语发音。另外,在讲解单词、句子、课文时,教师应进行必要的解释,可反复讲解难懂的知识点。

在英语课堂上,教师的讲话常常占据课堂的大部分时间。不可否认,教师的讲解有利于学生掌握语言知识,但在一定程度上也缩短了学生的练习时间。

同时，教师还要注意采用多样的教学形式，以增强课堂的趣味性。一个有着丰富经验的英语教师应该有极强的应变能力，能预测课堂活动中出现的情况，能很好地处理课堂上的突发事件，确保课堂活动的有序开展。

教师还要不断改变自己的提问方式、语言运用方式和提供反馈的方式。在英语课堂上，提问是教师常用的一种教学策略。提问可以有效激发学生的学习兴趣，促使学生积极思考。另外，语言运用方式也很重要，为了让学生理解、掌握所学知识，教师在教学中可以采用重复话语、降低语速、增加停顿、改变发音、调整措辞、简化语法规则、调整语篇等措施。

提供反馈是指教师对学生的学习情况作出反馈。教师的反馈可以是对学生话语的回答，如表明学生回答正确或错误、重复学生所答内容、总结学生所答内容、纠正学生所答内容的错误等。

综上所述，教师是大学英语教学的实施者，是学生的亲密伙伴，是大学英语教学不可或缺的关键要素，教师对大学英语教学有着至关重要的影响。

四、教材与教法

（一）教材

教材分广义和狭义两种。狭义的教材指教科书，而广义的教材指课堂上和课堂外教师和学生使用的所有教学材料，如课本、练习册、活动册、故事书、补充练习、辅导资料、自学手册、录音带、录像带、计算机光盘、复印材料、报纸杂志、广播电视节目、幻灯片等。可以说，凡是有利于学生增长知识或发展技能的材料都可称作教材。鉴于教材在教学中的重要地位和影响，教师要有正确的、全面的教材观，这样才能充分发挥教材的作用，发挥教和学的多元化、多渠道、多方位功能，提高教学效率和教学效果。

此外，语言教材与其他学科的教材是有区别的。大学英语教材所承担的任务比其他教材要艰巨。首先,教材要坚持科学的语言学习观,向学习者输入一定的语言学习理念;其次,教材要尽可能根据学习者的学习规律和需求为其提供大量的语言素材,使学习者在不利的语言学习环境下也能提高学习效率。

如果将大学英语教学过程看成一个链条,课堂教学则是整个教学链上的一环,而教材只是这里的一种载体或媒介。但在缺乏语言学习环境的条件下,就是这个小角色承载着课堂教学的大多希望。可见,教材对英语课堂教学有着至关重要的作用。

(二)教法

此处的教法指的是教学理论、方式、方法和途径。大学英语课堂教学就算具备了等同的教师、教材、学生等教学要素,教学效果也会有所不同,因为这里还存在着许多变量。例如,由于教学方法不同,即使是同一个教师,运用相同的教材,面对近乎相同的学生,其教学效果也会大不一样。而不同的教师运用不同的教材和不同的教学方式与方法来教不同的学生则会对教学效果产生千差万别的影响。因为教学过程中的任何变量都会对教学过程产生影响,进而影响教学的最终效果。不同的教法会对其他关键的教学要素(如教师和学生等)产生影响,自然也会影响教学效果。

五、学生及其环境

学生及其环境指的是学习者个人及其学习环境,不仅包括学习者个人及其周围小环境,还包括学习者群体及其周围的大环境。学生是整个教学链中的最后一个环节,也是最为重要的一个环节,因为前面所有步骤和环节的努力都是为这一主体服务的。学习者学习的效果最优化是整个教学过程和教学活动的终极目标,而学生及其环境将影响大学英语教学的效果。在大学英语教学中,学生常常扮演以下四种角色：

第一，主人。学生是学习的主人。学生对知识的探索、发现、吸收以及内化等都有助于其知识体系的构建，有助于其世界观、人生观和价值观的形成。

第二，参与者。作为大学英语教学活动的重要参与者，学生还应积极主动参与各项活动，积极思考，勇于表达自己的观点，展示个人的才能。

第三，合作者。英语课堂活动是师生之间及学生之间共同进行的，因而团队合作是不可缺少的。

第四，反馈者。在大学英语教学中，学生对教学的反馈是教师教学的重要依据。学生可以结合自身的学习经历和教学方法的实用性向教师提出建议或意见，并协助教师调整教学内容、完善教学方法，从而提高教学效果。

一般来讲，学生这个群体及其共同学习产生的大环境将会对大学英语教学产生极大影响。学生本身已具备的语言知识资源将对其未来语言学习产生影响。学生本身的学习动机对大学英语教学也有很大的影响，学生的年龄对学习也有很大的影响。

影响学习者学习效果的还有其他一些因素，如心理、兴趣、性格和学习策略等。由于学习者是学习的主体，其结果必然是与这个主体相关的很多因素都会对学习的效果产生一定的影响。同样地，这些因素对大学英语教学也会产生影响。

第四节 大学英语教学的基本原则

一、交际性原则

语言是交际的工具，人们主要通过语言来交流思想、传递信息。交际是在特定语境中说话者和听话者、作者和读者之间的意义转换。由此，我们可以得出以下几点启示。

第一，交际包括口语和书面语两种形式。

第二，交际总是发生在一定的语境之中。

第三，交际需要两个以上的人参与。

第四，交际是两个或者多个人之间的互动。

学习英语的首要目的就是交际，交际的核心就是能够运用所学的语言知识在不同的场合下和不同的对象进行有效得体的互动。因此，我们在英语教学中首先要贯彻交际性原则，使学生能用所学的英语与人交流，为此，教师要在教学过程中努力做到以下几点。

（一）充分认识课程性质

英语课是一种技能培养型的课程，在教学过程中，教、学、用三个方面构成一个有机的相辅相成的统一体，其中的核心在于使用。因此，认清课程的性质是落实交际性原则首先需要解决的问题。

（二）创设情境

在教学中，某一特定的情境要与学生生活密切相关，在基础英语教学中，开展丰富多彩的交际活动，结合教材的内容，创设多种形式的情境，使学生有身临其境之感，可以使学生提高学习英语的兴趣，从而能够进一步做到学用结合。

语言交际发生在特定情境之中，主要包括时间、地点、参与者、交际方式、谈论的题目等要素。在不同的情境之中，同样的一句话往往具有不同的功能，表达不同的意义。因此，在一定的情境之下学习英语，要使讲话者所处的时间、地点符合情境的要求。可以说，这是一种有意义的情境教学，将教学内容置于其中，从而顺利地完成教学任务。

因此，英语教学活动应充分考虑交际性的特点，尽量利用各种教具，创设各种真实或逼真的英语交际情境，这样不仅能使学生学得有兴趣、有成效，而且能够进一步提高学生的学习效果。

（三）语言使用得体

传统的英语教学只偏重语法结构的正确性，而根据交际性原则，英语教学的首要目标在于培养学生进行有效交际的能力，学生要具备良好的交际能力，能够在适当的时间、适当的地点，以适当的方式向适当的人讲适当的话。

（四）精讲多练

英语课堂活动不外乎讲和练两种，前者是指讲授语言知识，后者是指进行语言训练。在课堂上，适当地讲授一些语言知识是必要的，可以提高学生学习的效果。

此外，教师要进行"画龙点睛"式的点拨，只有通过条理化、系统化的实际训练，才能使学生在语言训练的过程中取得成效。因此，在进行必要讲解之后，教师要针对学生的具体问题，帮助学生养成思维习惯，在学生掌握了一定的语言事实后，给予适当指导，并进行总结与归纳，培养学生的语言交际能力。

（五）注重教学内容与活动的真实性

在英语教学中，教学话题要贴近学生的生活。教学活动的设计，要给学生足够的生活信息材料，能够让其在教学中将语言和现实生活相结合。要把内容丰富的、题材广泛的交际话题，和学生所关心的事物联系起来，这样的教学能够使学生产生共鸣，进而了解英语学习的目的。

另外，教学内容的真实性还要求教材的语言和教师的语言是真实的，应该是在交际过程中所使用的语言，而不是专为教学而人为编写出来的。

二、兴趣性原则

在实际的英语教学中，学习兴趣是在学习活动中产生的，带有感情色彩，使学生能够积极探求真理、探求事物，推动学生去认识事物、获取知识。

但是，由于教学方法的不适当以及考试体系的不科学，教师没有很好地维持学生的这种兴趣，更谈不上进一步地激发与培养了。学生对英语学习的兴趣来自学习英语的目的、学习活动本身以及由此而带来的自信心和成就感。为了激发和培养学生学习英语的兴趣，教师应该做到以下几点。

（一）充分了解学生

教育应是了解学生生理与心理特点的过程，一个主动尊重学生，让学生通过体验和实践进行学习的过程。因此，教师必须通过学习主体的积极体验，改变传统学习方式，改变教师中心化，通过听做、说唱、玩演、读写和视听等多种方式，培养学生的学习兴趣。

传统的语言学习方式，强调学生的被动状态。在初级阶段，学生要学好音标、词汇、语法，这种方式的教学，虽有一定的道理，但是很容易导致课堂呆板。

因此，大学英语课程必须从学生参与实践，主动地尝试与创造开始改变，从改变学习活动方式、获得认知和语言能力等方面着手，适应学生的心理和生理特点，遵循语言规律，使学生形成良好的语感，提高交流能力。

（二）防止机械教学

英语学习需要一定的死记硬背和机械训练的活动，但是一定要注意此类的活动不宜太多、太滥，否则容易使学生失去兴趣，降低英语学习的有效性。在英语教学中，应重视设计学科过程、创设知识框架、营造技能情境，帮助学生在听、说、读、写等方面建立学习策略，通过各种方法加速知识获取和内化过程，进而在交际实践中灵活运用英语。

（三）挖掘教材，激发兴趣

在英语教学过程中，教材是重要的载体，教师是英语教学的引导者。要想让学生感兴趣，最大限度地调动其积极性，使每节课都有新鲜感，教师就要认真研究教材，挖掘教材内容的兴趣点。

（四）鼓励表扬

在教学过程中，教师要运用多种激励方式，大胆实践，善于发现学生的长处，促使学生积极参与，多鼓励表扬，培养学生的自信心。对学生而言，学习兴趣的保持与成就感在很大程度上是密切相关的，因此能否获得成就感在学习中很重要。

三、灵活性原则

（一）教学方法的灵活性

语言技能包括听、说、读、写，在英语教学中，为了挖掘学生的潜能，曾出现过许多不同的教学方法，例如语法翻译教学法、视听教学法、交际教学法等。

通过综合研究每种方法，可以发现，每种教学方法都有其自身的优势，同时也有不足，因此对于教师而言，面对不同的语音、词汇、语法，应该从语言知识和语言技能两个方面，兼收并蓄。而且教师在教学中要考虑学习者的个体差异，要灵活运用各种教学方法。

同时我们还要注意，在英语教学过程中，教师切忌拘泥于某一种所谓的流行方法。在实际教学中，教师应创造性地开展教学活动，根据学生自身的特点，运用多种不同的教学方法。

（二）学习的灵活性

教学方法和内容的灵活性可以带动英语学习的灵活性。教师要引导学生努力改变以往死记硬背的机械性学习方法，帮助学生探索合乎英语语言学习规律的学习方法，使学生能够自我激励、自我监控。

（三）语言使用的灵活性

学习的关键在于使用，对于教师而言，要通过灵活地使用英语，来带动学生积极参与，使学生感受学习的快乐。

四、输入优先原则

在大学英语学习过程中,输入是指通过听和读,接触英语材料,输入的量越大,输出的能力就越强。输出是指用英语进行表达。

在语言学习中,能理解的总比能表达的多;能听懂的永远比能说的多;能读懂的,又比能写的多。在英语学习中,听的、读的东西越多,表达能力也就越强。

输入优先原则的主要理论依据就是克拉申(S. D. Krashen)所提出的语言学习的监控假说,根据输入的特点,我们可以把输入分为五种形式。

(一)可理解输入与不可理解输入

可理解输入是指学习者听到或读到的可以理解的语言材料,这些材料的难度应该略高于学习者目前的语言水平。不可理解输入指学习者即使在现有语言水平和相关语境的帮助下也无法理解的语言材料,这类材料对于学习者的帮助不大。

(二)粗调输入和精调输入

粗调输入是指没有经过任何语言调整的语言输入,而精调输入是经过调整后的语言输入。在英语学习的初期,给学生提供精调输入是必要的。随着学生水平的不断提高,还要逐步增加粗调输入的量。

(三)自然输入和非自然输入

自然输入主要指听和读,非自然输入指背单词、词组、句型等。语言输入既包括自然输入也包括非自然输入。非自然输入也有助于提高学生的语言能力。

（四）外部输入和内部输入

外部输入指教学与社会环境向学习者提供的语言输入，从语言习得的环境来看，外部输入包括教师对学生、学生之间以及社会对学生所产生的语言影响。

通过研究可以明确，语言习得与语言环境密切相关，内部输入是学生在自我练习中自言自语，指学习者自身产生的寻求语言交流的活动，在这种活动中，学习者与想象中的对象进行交流，也会继而产生相应的语言输入。

（五）反馈输入与非反馈输入

反馈输入是为了提高学生的学习效果，对学生有关语言学习的假设进行肯定或修正的输入，在教学环境中，反馈输入通常指教师或学生为完成学习任务而做的反馈。非反馈输入指除反馈输入之外的一切相关的语言输入。

基于上述讨论，教师在教学过程中应该注意以下几点。

第一，通过视、听、读等手段，帮助学生多接触英语。打破课堂内外的界限，扩大语言接触面。

第二，输入内容、形式多样化。既要有有声的、有图像的，还要有文字的。

第三，强调理解能力，对语言技能先输入，后输出。只要能理解的，就应要求他们听懂、读懂。

第四，为学生提供符合实际的语言材料，既要具有趣味性，又要符合学生的英语水平。

五、循序渐进原则

循序渐进原则包括以下三个含义。

第一，先从口语开始，逐渐过渡到书面语。

第二，首先侧重听、说能力，逐渐过渡到读、写技能。

第三，语言知识、技能、能力要循环往复，逐步深化。

从语言发展来看，口语与日常生活关系紧密，人类从劳动中学会说话，然后有了口语，继而渐渐有了书面语。由此可见，文字的出现要晚得多。因此，对于英语教学而言，口语和书面语的差别，决定了英语学习要从听说开始。

对大学英语教学而言，听、说教学非常重要，对于绝大多数学生来说，获取英语知识、掌握正确的语音，能使其获得良好的语言学习能力。在英语学习中，基本词汇、语音语调和句子结构，能够为培养读写能力奠定基础。在培养能力的基础上，听懂别人说话，明确英语含义，营造真实的语言环境，在情境中表达思想，建立信心，是英语教学的主要任务。

在中国，由于缺少英语语言环境，教师每节课都要尽可能地创造语言环境，从听开始，循序渐进地培养学生的口语表达能力。只有具备了听的能力才能去说，进而顺畅地与别人用英语进行交际。

在教学过程中，为了保证英语课堂教学的顺利进行，听的内容一定要结合生活的实际，教师应努力与学生进行语言交流，为学生能够充分地"听"做好材料上的准备。因此，教师要不断巩固、不断更正，让学生在语言环境中学习英语，并通过比较学会使用单词和句子，继而在业余时间灵活运用语言。

六、可持续发展原则

从情感态度来看，贯彻可持续发展原则，关键是让学生体会学习英语的乐趣，主要目标是培养学生敢于开口、积极参与的学习态度。其中，最主要的是培养学生积极向上的情感态度，逐步增强学生的学习兴趣，并使其掌握正确的学习策略。通常，初级英语教学处于基础阶段，完成后，学生还要在大学继续学习，因此要有可持续发展的意识。

第二章 大学英语教学策略

第一节 教学策略的概念及产生途径

一、教学策略的概念

如今,研究者对于教学策略概念的描述大概有四种,搜集了有关资料之后,笔者对其归纳如下:

第一,教学策略与教学方法、教学步骤、教学模式等具有相同的含义。

第二,教学策略是为达到一定的教学目标而采取的一系列教学方式和行为。

第三,教学策略是一种教学思想的体现,可以看成一种教学观念或原则,它是教学设计的有机组成部分,体现在教学方法、教学模式和教学手段中。

第四,教学策略是指教师为达到教学目标而制定的教学措施,以及采用的符合学生认知规律的教学方法、步骤及行为方式。

虽然人们对教学策略的概念各执一词,但根据这些观点的相似之处,教学策略的概念可以概括为:教学策略是指教师在一定教学理念的指导下,根据自身对教学任务以及教学情境的理解和认识,对教学活动起调节作用的系统的行为,这些行为能实现最佳的教学效益。

实际上,所有教学策略都是教师教学理念的具体化,比方说,为了复习所学的关于动物的单词,教师布置一项语言活动,让学生以小组的形式来进行,其中一个组员用英语描述动物特征，让其他组员猜是什么动物。这种教学策略就充分体现了"以学生为中心"的教学理念。教学策略是在教学理念的指导下实施的，否则就会杂乱无章，达不到教学目标。教学策略的实施不是一蹴而就的，需要具备一套独特的操作程序和步骤，这些都是通过教学的具体活动来体现的。

教学策略具有多变性，并不是一成不变的，教师可以视情况采取不同的教学策略。我们知道，任何教学活动都有教学目标，教学策略亦不例外。因此，在实施教学策略的过程中，教师必须对教学目标具有十分清晰的认识，并且在目标实现的过程中对具体教学方法进行灵活的选择和创新，以期达到教学目标。

教学策略强调教师要对教学活动进行反思，并在教学活动中对自己所运用的策略进行控制和调节。教师的调控行为是对教学策略的优化，是教师在自我反思的基础上做出的对教学策略和方法的改进，这种能力是十分重要的。如果某位教师具备反思能力并能够自觉认识和调节教学过程，其教学策略的运用就达到了一个较高水平。

二、教学策略的产生途径

教学策略的产生途径主要有以下三种：

首先，教学策略来自教师对教育理论的分析和判断，来自教师结合具体教学环境对理论进行的积极、主动的选择与取舍，在此过程中，教师将教育理论真正融入已有的理论框架中。只有这样，教师才具备在具体的教学情境中选择和使用即兴的教学策略的能力。

其次，教学策略还产生于对具体教学方法和技巧的深入分析和思考。在深入分析和思考的过程中，教师自觉运用已掌握的知识和方法，分析各种教学方法和技巧的特点及适用环境,并对同类方法加以对比,加深对其独特性的了解和认识。

最后,对教学经验的总结和反思也是产生教学策略的有效途径。事实上,已有的教学经验是教师教学策略的源泉。借助于对教学经验的反思,如记教学日记或进行教学观摩,教师会加深对个人经验的认识,同时也有利于对相关理论的掌握和理解,更有助于将个人经验与教育专家提出的观点加以整合,产生教学策略。

在教学实践中,有一个常见的现象——越是年轻的教师,其教学的客观性就越强,主观性就越差。这说明,年轻教师由于缺乏作为自己研究和反思的资源的教学经验,不具备从多样化的教学方法中进行综合优选或优化组合的能力,因此就很容易将国内外专家的教学理论和方法直接运用在教学实践中,教学策略和方法就会比较死板,缺乏活力,缺少创新。

此外,如果将教学策略仅仅视为一种提升教学效果的手段,那么其工具色彩和实用色彩未免过重,因为教学策略形成的最终目标是促进教师的发展,体现教师作为人的本质力量。教育是关于人的活动,教育的最终目的是实现人在认知、情感、思维、人格等方面的真正全面、和谐的发展。这里所说的"人"既包括学习者,也包括教师。灵活创新的教学策略使教学过程充满活力,从而引导学习者积极参与,目的是促进学习者愉快、和谐、全面地发展。同时也促进教师知识水平、专业技能的提升,情感的协调。

第二节　常见的大学英语教学策略

一、管理策略

教学是一个动态的过程,要保证教学的顺利进行,离不开教师对课堂行为以及活动的管理与控制。所谓课堂管理,是指教师在教学活动中通过协调课堂内各种人际关系,吸引学生积极参与课堂活动,使课堂环境达到最优化的状态,从而实现预定教学目标的过程。管理策略的实施能有效保证课堂教学活动的顺利进行。

(一)管理策略的作用

1.通过创设好的课堂环境,促进课堂活动顺利进行

良好的课堂环境能有效完成由外在控制向内在控制的转化,使学生形成自律心理机制,进而可以减少产生矛盾与冲突的可能性,并消解许多潜在的矛盾与冲突。而课堂管理就可以创造这样的课堂环境,并能通过良好的课堂环境促进课堂活动顺利地进行。

2.通过交流与互动,保证课堂活动的有效展开

课堂中的互动主要由人与人之间、人与环境之间的相互作用和相互影响构成。有效的课堂管理可促进"师生"与"生生"之间的对话和信息交流。而这种互动又能进一步促使课堂活动充分开展,进而促进学生知识经验的获得、心智的开启、能力的发展,以及教师课堂教育教学质量的提高。只有实现了人与人之间、人与环境之间的有效交流,才能保证课堂教学不流于形式。

3.通过激发课堂活力,促进学生的持久发展

只有充分激发课堂活力,才能有真正的课堂生活,课堂上学生的生长才能真正实现。课堂管理就是要调动各种可能的因素，挖掘课堂的活力，发挥其功能，这样课堂就可以为学生的进一步发展奠定基础。

（二）管理策略的原则

管理策略的实施应该遵循一定的原则：一是有助于维持课堂秩序，二是不伤害学生的人格与自尊。

1.有助于维持课堂秩序

教学管理的目的是维持课堂秩序，具体表现在以下几个方面。

（1）了解学生的兴趣和需要。

（2）处理好师生之间的关系。

（3）促进学生产生良好的课堂行为。

（4）增强学生的自律意识。

（5）建立师生之间共同的行为标准。

2.不伤害学生的人格与自尊

在大学英语教学中，如果学生出现什么问题，教师要本着人本主义精神对学生进行积极的引导，要尊重学生，不能随意伤害学生的人格与自尊。具体来说，教师应该做到以下三点。

（1）尽量避免惩罚行为。

（2）注重公平性和个体的差异性。

（3）找出课堂问题行为的成因。

在以上原则的基础上，教师还要结合教学的实际情况来管理英语教学。从近些年国内外的研究和教学实践来看，加强教学管理技能的培养已经成为世界性的发展趋势。有学者指出，出色的教学管理不仅意味着将教学中的不良问题降到最少，还意味着能及时在问题出现的时候进行有效的干预。因此，教学管理策略应该以学生为中心，使学生可以积极主动地参与到学习中，从而建立良好的师生关系，形成一种相互尊重、相互信任的教学氛围。

（三）管理策略在大学英语教学中的运用

为了维持教学秩序，提高教学效率，教师可以采用纪律管理策略和时间管理策略对教学加以改进。

1.纪律管理策略

课堂纪律是维持课堂秩序的手段，教学离不开纪律管理，纪律管理是教学的重要保证。课堂纪律管理包括纪律维持和违纪处理两个方面。对于听话的学生来说，其本身具有自控能力，教师的一句警告就可以约束他们的不良行为；对于比较叛逆的学生，只有对他们的违纪行为进行处理才不会影响到他人。可见，纠正学生的问题不是一件容易的事情，因此教师应该在这些问题还没有出现的时候采取一定的预防措施，减小这类问题发生的概率。

（1）发挥学生的自我管理功能。例如，教师可以组织小组活动，让学生相互监督。

（2）发挥教师的管理功能。课堂教学多是由教师自己来组织课堂纪律的，因此教师应该根据实际情况采用多样化的课堂纪律管理手段，以维护课堂纪律。

（3）设计有趣的学习任务。例如，教师可以根据所学内容设计一些游戏活动，激发学生的学习兴趣，促进学生的参与，课堂纪律自然也就得到了保持。

（4）正确处理课堂管理和教学之间的关系。传统英语教学中，教师将大部分精力放在了教上，对教学管理的重视程度不够，这就导致很多学生人在心不在，无论教师再怎么努力，学生的学习效果依然得不到改善。

2.时间管理策略

时间管理策略要求教师有效地利用教学时间，使学生最大限度地参与到学习活动中，从而保证教学的高效率。要做好时间管理，需要从以下几个方面着手。

（1）教师应该激发学生的学习兴趣，让学生主动参与到学习中，提高学生的学习积极性。

（2）教师要保持教学活动的流畅性和紧凑性，让学生总是有事可做，不被轻易打断。

（3）要合理分配时间。课堂的时间主要包括教学时间、投入时间以及学生学习时间。按照课程表的内容，教师应该对这些时间进行合理的分配。

（4）鼓励学生进行自我管理。

二、提问策略

（一）提问策略的作用

提问策略作为一种教学方式，主要是教师通过提问对学生的学习情况进行检查。简单来说，提问策略主要具有如下几个方面的作用。

（1）激发学生的学习兴趣，调动学生的积极性。

（2）增强学生的参与意识。

（3）促进学生的思维发展。

（4）有助于教师分析、解释疑难问题。

（5）有助于教师检查某些细节性问题。

（6）有助于教师检查学生对问题的理解和掌握情况。

（二）提问策略的原则

提问是一种常见的课堂活动，看起来简单，实际上需要遵循科学的原则方能发挥良好功效。为提高提问的质量，教师在提问时应该遵循以下几项原则。

1.主题性原则

每一堂课的教学都有一个突出的主题，因此提问也要以这一主题而展开，紧扣难点和重点，由浅入深、由易到难，使学生一步步地深入。脱离了主题的提问是没有任何意义的。在提问过程中，教师可以先设问，再反问，进而进行追问、深问，使学生的认识逐渐深化、提高。

2.启发性原则

教师的提问必须具有一定的启发性。所提出的问题要能够激发学生的求知欲，激发学生参与到问答活动中来，刺激学生去思考，引导学生进行自主探究，从而促进学生创造能力和思维能力的提高。在具体的教学过程中，教师要根据课程类型的不同采取不同的提问方式。当学生给出的回答过于简短时，教师要进行追问，鼓励学生对自己的答案进行解释和说明，扩展和丰富自己的答案，启发学生的思维。对于教学过程中出现的知识难点或是模糊的地方，教师要进行有针对性的提问，有目的地对学生加以点拨，帮助其突破难点。总之，教师的提问要能够启发学生思考，帮助学生形成全面的认知结构。

3.兴趣性原则

兴趣是学习的内在动力，因此教师的提问必须具有趣味性。为此，教师要结合教材和学生的心理特点提出具有挑战性和启发性的问题，还要善于抓住最佳的提问时机，以激发学生的兴趣。例如，教师可以在课堂开始时向学生提出一些事实性的问题；当学生的思维高度活跃时，教师可以提出一些具有开放性、推理性、参考性的问题，这类没有固定答案的问题，有助于学生对所学内容的分析和理解，可以强化学生的兴趣，有利于他们保持积极的思维状态；当学生的思维不够活跃时，教师需要提出一些具有巩固性和强调性的问题，以此来重新激发学生的学习兴趣。

4.互动性原则

提问要遵循互动性原则。在提问的过程中，教师应允许学生发表个人意见，允许学生插话，且尽量使提问的态度亲切、温和，避免使学生产生紧张心理。此外，学生回答时教师应耐心聆听，点评时应注意用鼓励性的话语去激发学生的求知欲，还要鼓励学生多向同学和教师发问，主动地参与到课堂教学活动中，形成互动、和谐、轻松、平等的学习气氛。

5.层次性原则

教师的提问必须具有层次性,这就要求教师在提问时必须紧扣教学内容的重点和难点等关键内容,要对教学内容的逻辑顺序、内在联系和学生的已有知识和能力进行深入的分析,然后按照由浅入深、由易到难的规律设计一系列问题。教师在提问时要注意循序渐进,根据学生的不同水平逐步深入。例如,对于学习一般的学生可以提一些层次较低的问题,而对于学习较好又善于思考的学生则可以提一些需要通过分析、比较、总结等方法对信息进行组织的问题,这类问题需要经过高级思维才能得出答案,因此可以很好地锻炼学生的思维能力。

(三)提问策略在大学英语教学中的运用

1.提问计划

教师在备课的时候对于提出的问题要做到提前准备,因为即兴提问虽然比较灵活,但是往往会出现语言组织问题或是顺序安排缺乏逻辑性的问题,很难达到预定的教学目标。因此,在课堂教学开始之前,教师应该做好提问准备,这种准备主要包括以下几个方面。

(1)确定提问目的。开展提问活动之前,首先要确定提问目的。教师在备课时要明确课堂教学中提问应达到的目标,因为课型不同、教学目标不同,提问目标也就不同。同样,如果提问目标发生了变化,问题的类型也就会有所差别,提问的层次也会发生变化,所采用的技巧也会随之发生改变。

(2)选择提问内容。在课堂教学中,教师提问的侧重点会成为学生学习的重要依据,因此教师在选择提问内容时要慎重,不应选择不重要的内容进行提问,以免对学生产生误导。

2.问题设计

问题设计策略是指教师恰当、有效选择问题的方法和技巧,包括对问题进行简化、调节等,激发思维和增加挑战性,使问题清楚易懂,更符合学生的特点，利于培养学生的思维能力。在问题设计过程中，教师应该注意以下几点。

（1）调节。教师所提出的问题要与学生的知识水平和思维能力相符合。

（2）简化。教师所提问题的语言要简单、清楚，要尽量使用学生熟悉的词汇进行提问。

（3）讲究趣味性。所设计的问题可以不必太拘泥于教材，对教材内容加以灵活处理，设计贴近学生实际生活又与课文相关的问题，以提高学生的兴趣，引发学生积极讨论。

（4）以学生为中心。所设计的问题要以学生为中心，充分发挥学生的主体作用，引导学生发现问题、积极思考，培养学生创造性的思维能力。

（5）由浅入深。所设计的问题可从不同角度出发，由浅入深，引导学生多方面地进行思考，同时使学生有机会取得成功。

3. 提问控制

提问控制是指教师在提问过程中要有意识地调整提问的方式，对教学内容、教学进度起控制的作用。教师在提问时应注意以下几点。

（1）要将问题镶嵌在教学设计或教案中。

（2）所设计问题要能够吸引学生的关注和参与。

（3）提出的问题要清晰、简短，切中要害。

（4）提出问题后要留出一定的时间让学生仔细思考，做好回答问题的心理准备。

（5）非语言行为如眼神、站姿等应与所提问题协调一致，以启发、鼓励学生。

（6）学生回答不精确或不完整时需要继续提问，不必马上给出明确的答案。

4. 提问评估

教师要及时对学生的提问或回答做出应有的评价，这是提问有效进行的重要保证。常用的提问评估方式有以下几种。

（1）引用。引用是指教师陈述答案或总结时引用学生的语言，它是一种间接的表扬，其效果比口头表扬更好。引用会让学生有被认可感、成就感，增强学生的自信心，进而促使学生向更高的目标努力。

（2）表扬。教师的表扬是对学生能力的一种认可。特别是那些能力相对较差的学生更需要得到教师的表扬，教师的表扬可以唤起他们的自信心，从而帮助他们走向成功。

（3）鼓励。在英语教学过程中，教师的鼓励对学生具有重要意义。当学生不能回答教师提出的问题或学生的答复不得当时，教师切不可冷言相对，挫伤学生的自尊心，而是应该给予学生适当的鼓励，不断提供暗示，帮助学生分析原因，找出正确答案。

三、激励策略

激励策略，顾名思义就是能够激发学生学习兴趣，使学生积极参与学习活动的方式、方法。显然，激励与动机有着密切关系，激励的目的就是让学生产生学习动机。可以说，用来控制影响动机的因素、激发学习动机的有效教学方式构成了激励策略的内容，如环境、教师的榜样、奖励和惩罚等。激励策略的使用对于大学英语教学质量的提高也起着重要的作用。

（一）激励策略的作用

激励策略主要具有如下几个方面的作用。

（1）有助于激发学生的学习热情与参与意识，使学生积极回答问题，积极参与课堂活动，从而提高学习效率。

（2）有助于维持学生的学习热情，保证精力的投入。

（3）有助于学生树立远大的目标，提高英语水平，克服学习中的困难，并在竞争条件下取得好成绩。

（二）激励策略的原则

1. 兴趣性原则

快乐是人的基本需求。人们喜欢能够为他们提供快乐的活动。学习本身是一个艰巨的任务，如果学生对其缺乏兴趣，则很难参与其中，从而不利于学习效率的提高。为避免这一点，教师可从以下几个方面着手。

（1）把学习内容和学生的经历联系起来。

（2）根据学生的兴趣爱好设计教学活动，投其所好。

（3）提供与学生看法相悖的观点，组织学生讨论。

（4）将幽默故事、趣闻轶事融入课堂教学中。

（5）设计激励活动，培养学生的发散性思维。

（6）授课的语音、姿势、眼神、表情等都应避免死板乏味，否则无论教学内容多么有趣，学生也不会感兴趣。

2. 自主性原则

一般来说，人们对于命令都有一种天然的抵制心理，而自主则是人与生俱来的需求。每个学生都不喜欢被强制参与自己不喜欢的活动，他们都希望拥有自我选择的自由。因此，在大学英语教学过程中，教师应努力做到以下几点，以尊重学生的自主性，使其能够主动地参与学习活动。

（1）让学生决定完成作业的方式、地点和时间。

（2）让学生自己审查自己的不良举止，尽量不惩罚学生。

（3）为学生提供多种完成学习目标的活动，让学生自己决定活动的方式。

（4）鼓励学生自己拟定学习目标，并对自己的学习行为进行监控。

（5）可能的话，让学生自己决定课堂的安排。

（6）尽量让学生对自己的行为进行评估，培养其责任意识。

（7）给学生以心理上的安全感，避免学生对于他人批评或嘲讽的担心，鼓励学生大胆地发表自己的观点和看法。

（8）如需限制学生的行为，应给予合情合理的解释，并表示愿意虚心接受不同的意见。

3.自尊性原则

自尊是一个人希望得到尊重的心理，它能够激发学生的学习动机，使人增强信心、努力进取，获得认可。对此，教师可从以下几个方面着手。

（1）创造轻松的学习环境，使学生能够畅所欲言，积极思考。

（2）对学生高期望、高要求，并帮助他们实施计划，实现预期目标。

（3）帮助学生正确对待自己的成功和失败，做到接受并改正错误，继续努力，获得更大的成功。

（4）无论学生取得怎样的成绩，只要学生努力了，教师都应予以充分的肯定和鼓励。

（5）对学生正确的学习态度和方法给予充分的肯定。

（6）鼓励学生参照以前的成绩和自己的目标正确地评价自己，认识到自己的进步与不足，从而有针对性地开展下一阶段的学习。

4.自我实现原则

学生畏惧学习或对学习没有兴趣主要是因为缺乏自信心。很多学生也曾刻苦学习，但因为不得要领等原因屡遭失败，从而丧失对学习的兴趣。而部分学生由于方法得当能够时常体会到成功的乐趣，对自己的能力充满信心，也能对英语学习产生浓厚的兴趣。由此可见，每个学生都不是天生排斥学习，只是因为未能取得一定的成绩而自信心受挫。一旦让学生体会到成功的喜悦，证明了自己的能力，其学习动力就会越来越强，克服困难、持之以恒的信念才会更加坚定。为帮助学生完成自我实现，激发学习兴趣，教师可从以下几个方面进行指引。

（1）让学生自行制定评估自己学习的标准。

（2）为学习成绩较好的学生提供挑战性较强的任务。

（3）允许学生参加没有惩罚和对比性质的同级补考。

（4）教师安排的学习任务必须与学生的实际能力水平相符合。

（5）采用标准参照评估程序，以避免传统教学中所谓"好学生"和"坏学生"的对比给后者带来的负面影响。

（6）设计弹性评估程序，使学习好的学生能看到自己的成就，使学习较差的学生也能看到自己的收获和进步。

5.归属感原则

心理学认为，人在成长过程中最害怕的就是被孤立、被否认。每个人都希望有归属感，都希望能够被接纳、被认可，这一点同样也存在于学校中。每个学生都希望在所在班级里寻找自己的位置，希望得到大家的认可，并融入班级体。部分学生因为缺乏归属感而变得自卑，自暴自弃，丧失了学习的动力。因此，激励机制下的英语教学应给予学生归属感，这样才能激发学生的学习动力。为了实现这一点，教师可以从以下几个方面着手。

（1）鼓励学生聆听他人的看法，接受他人，只有这样学生才能做到相互理解、相互包容。

（2）尽可能组织小组互惠活动，以此培养小组合作精神。

（3）使学生正确认识奖励，不要让学生为了有限的奖励而竞争。

（4）注意学生的情绪波动，帮助学生排忧解难。

（5）不能因小组内某些学生的表现惩罚其他学生。

（6）评估课堂活动中学生之间的关系。

（三）激励策略在大学英语教学中的运用

1.兴趣激励策略

兴趣是最好的老师，那么最好的激励策略也就是能够激发学生兴趣的策略。

需要指出的是，兴趣是一个非常复杂的心理现象，它的培养不是一朝一夕可以完成的，而需要长时间的积累和引导。心理学上有一个重复定律：任何行为和思维如果不断重复就会得到不断地加强。对于学生而言，每当其取得进步，教师就给予持续的肯定和鼓励，那么其就会一直保持学习动力，继续积极主动地学习，长此以往，学生就会养成良好的学习习惯。

2.目标激励策略

在大学英语教学中设立合适的教学目标，可以极大地激发学生的学习动机。因此，教师在具体的教学过程中应给学生提供明确、具体可行的目标，并给予学生指导，将这个目标转化为实际行动，使他们感到学有所获。教学过程中的目标激励策略应注意以下几点。

（1）设立的目标难度要适当。目标过高，学生经过艰苦努力后也很难实现，不但无法激励学生，甚至可能会挫伤学生的学习兴趣、学习信心；目标过低，学生很容易就能实现，对学生来说缺乏挑战性，也就无法有效激励。

（2）设立的目标应具有层次性和阶段性。目标具有层次性，可以使目标对不同水平的学生都能起到激励作用。目标具有阶段性，可以使学生在实现某一阶段目标后，在循序渐进中不断获得成功的体验，从而增强学生向更高目标进取的信心。

（3）教师设立目标后必须为这些目标的实现创造条件，引导、帮助学生去实现这个目标。

3.榜样激励策略

榜样激励策略是指教师选一些学习态度端正、成绩良好的学生作为全班的榜样，从而激励其他学生向其靠拢，进而使全班形成积极向上、努力拼搏的良好气氛的策略。榜样激励策略的实施可以从以下三个方面进行。

（1）选择成绩优秀、稳定或进步较快的学生，让他们向全班同学介绍学习方法，分享学习心得，从而使其他学生产生学习的欲望。

（2）通过向学生介绍中外名人语言学习的经验和事迹来激励学生。

（3）教师要以身作则，主动提高自身的英语综合素质和教学综合素质，一方面能够给学生提供更好的指引，另一方面也能为学生树立良好的榜样。

4.情感激励策略

大学英语教学过程不仅是学生和教师共同参与的学习知识和技能的过程，也是特定情境中的人际交往过程。心理学研究证明：情感对人类行为动力施以直接影响，所以在教学活动中，师生之间的相互作用、情感交流也能达到激发学生学习动机的目的。教师在教学过程中采取情感激励策略应注意以下几点。

（1）教师在教学过程中不但要提高自己的教学艺术，让学生得到轻松、愉悦的体验，而且要给学生提供成功的机会，让学生得到成功的快乐体验。

（2）教师应该尊重和信任学生。学生如果获得教师的尊重、信任，就会把教师的这种情感转化为自己学习的内部力量，以极大的积极性投入学习。

（3）要对学生抱有期望。教师在自己的一言一行中表现出对学生的期望，学生就会从教师对待自己的态度中理解教师的期望，从而更加自信、自强，激发出积极进取的内部动力。

四、传授策略

传授策略是教师在课上进行新知识、新内容呈现的方法。传授策略根据教学形象、教学内容、教学情境的不同会有所不同，教师应经常改变自己的方式以保证传授策略的灵活多样。常用的传授策略包括以下几种：

（一）先行组织者教学策略

先行组织者教学策略是指在安排学习任务之前给学生呈现具有引导性的材料，即通常所说的导入式教学策略，它是利用旧知识导入新知识的方法，与学习任务相比，它具有更高一层的抽象性和概括性。先行组织者教学策略的目的在于用先前学过的材料去解释当前学习任务中的材料。先行组织者可以是比较性的，也可以是讲解性的。

（二）探究策略

英语教学过程是学生的探究过程，学生从自身的兴趣出发，通过自身的努力和体验，主动获取知识，并利用这些知识来解决问题。因此，教师可以创设符合学生知识水平的问题情境来激发学生的好奇心和求知欲，引发学生的思考。这就是探究策略的内容和要求。这一策略不把学生当成知识的被动接受者，而是让学生成为学习的主人，能够很好地培养学生的自主学习能力。

（三）示范模仿策略

示范模仿策略主要用于发展学生的学习技能。该策略包括四个阶段：动作定向、动作分解、自主练习、技能迁移。如进行语音练习时，教师可以亲自进行示范，或使用录音进行示范，然后让学生模仿训练，达到提升学生语言能力的目的。

（四）解释策略

传授语言信息的方法之一就是解释，语言的规则需要非常明确的解释，这与演绎学习法有着密切的联系。但是这一策略也有其局限性和不足之处，有些时候很多学生并不能理解所解释的内容，尤其是当教师进行解释时使用了一些学生从未接触过的术语，在这种情况下，解释反而给学生的理解造成阻碍。

（五）语法教学策略

归纳法和演绎法是掌握语法规则的两种主要手段，在语法教学过程中，教师可运用归纳教学策略和演绎教学策略来进行语法知识的传授。以下将简单分析这两种教学策略：

1. 归纳教学策略

在知识传授过程中，教师可以利用归纳教学策略进行新知识的传授。归纳教学策略主张,只要为学生提供足够的含有要学习的语法规则的语言材料,学生就能够通过查看和理解材料来掌握语法规则,不需要教师进行讲解。例如:学习被动语态时,教师可以事先准备相关的语言材料,在课堂上呈现给学生,让学生自己从中发现规律,并加以陈述,这时教师再及时地进行辅导与讲解,就可以起到事半功倍的效果。

2.演绎教学策略

演绎教学策略是一种常用的语法教学策略,其突出特点是教师直接就语法点进行讲解,然后举例分析其用法。这一教学策略非常适合具有强烈学习动机的学生。而且,当所教授的语法规则比较复杂时,教师在课堂上采用演绎教学策略能够节省时间。值得注意的是,教师在进行讲解时,应简明扼要,并辅以清晰的语言运用实例,不可过多地讲解规则外的情况。

五、课堂评估策略

在教学中,教师通常采用期中或期末测验的方式来检测学生的学习效果。然而,学习是一个过程,最有效的评估时间不是在期中或期末,而是在章节单元的学习过程之中。评估也不应该仅看学生的学习结果,而应该关注学生的学习过程,因而课堂评估更能有效地反馈学生的学习情况,促进教学的顺利进行。课堂评估的高效进行需要切实可行的评估策略做保证。下面是几种常见的课堂评估策略:

(一)一句话概要策略

一句话概要策略用于检查学生对话题的理解水平。这一策略的具体操作步骤如下:

第一,当一个话题活动结束后,教师可要求学生用一句话回答有关问题。

第二，教师对学生的回答进行分析。

第三，教师把自己观察到的信息和分析出的问题反馈给学生。

（二）一分钟问卷策略

一分钟问卷策略用于检验学生对具体信息的理解程度，操作简便，省时、省力。具体操作过程如下：

第一，在下课前两到三分钟，教师安排学生取出一张纸回答下列问题。

What is the most important point that you learned today?

What important question remains unanswered for you?

第二，教师把答案统一收起来并进行分析。

第三，教师在第二节课上对上一节课遗留的问题进行专门处理。

（三）问题展示策略

问题展示策略可用来了解学生在概念理解上的困难或误解，通过了解学生在解决问题时所使用的策略技巧，来培养学生的思维能力和解决问题的能力。这一策略的具体操作如下：

第一，在一项任务完成后，教师组织学生对自己任务完成的情况进行展示，并让学生写下自己解决问题的过程。

第二，教师收齐学生书面展示的问题，并进行归纳总结。

（四）学生自拟测试题目策略

学生自拟测试题目策略是指教师组织学生根据所学的内容，仿照考试试卷编写试题，检查自己对所学章节知识的理解和掌握程度，同时也对考试有更加深入的了解。教师也可以看出学生对所学知识的掌握情况。这一策略的操作过程如下：

第一，教师组织学生根据所学内容编写试卷，并附以答案说明，可采用小组活动的方式进行。

第二,教师对学生设计的考题进行分析,选择比较具有代表性的问题组织学生讨论,或者对学生的问题进行改编,作为考试题目。

(五)学习监控表策略

学习监控表策略用于监控学生的学习行为,可用于任何一个单元的学习过程之中。这一策略的具体操作程序如下:

第一,在每个单元开始学习之前教师先发给每个学生一张学习监控表,并向学生介绍此表格的用途和操作方式。

第二,学生首先要选择在该章节的学习中自己想达到的等级。

第三,学生根据自己想要的分数和等级,在活动一栏中对打算完成的活动进行选择。

第四,学习过程中学生参照预先给自己制定的目标,及时地在自己所完成的活动上打上标记。

第五,教师要时常提醒学生对自己目标达成的情况进行检查,以调整下一步的学习计划。

(六)协商评定策略

协商评定策略可用于写作教学的课堂评估,它是通过让学生确定评定标准,然后参照自选标准评定自己写作的一种方式。其具体操作步骤如下:

第一,教师通过问卷方式确定评估标准。

第二,学生根据协商的标准修改初稿,并写出第二稿。

第三,教师参照评估标准,对学生的第二稿进行评估。

(七)活动反思策略

活动反思策略用于对听力或阅读活动的评估,在学生听完或阅读完材料之后教师可向其发放调查问卷,让学生听完材料后回答问卷中的问题,并进行活动反思。

第三节 常见的大学英语学习策略

学习策略对语言学习有着至关重要的作用,它是促进学生学习的有效措施,也是学习者更有效地进行学习的基本思路和行为思想,关系着语言学习的成败。因此,掌握科学的学习策略对学生的英语学习而言十分重要。这里就来探讨大学英语学习策略。

一、认知策略

(一)认知策略的内容

概括来讲,认知策略主要包括以下内容。

(1)复述:对输入信息中需要记忆的内容进行复述。

(2)组织:根据句法属性或语义对概念和词等进行分类。

(3)猜测:运用书面信息或口语来预测结果、猜测词义、填补空缺信息。

(4)联想:建立起知识之间的联系。

(5)演绎:运用一定的规则来理解语言。

(6)归纳:通过使用例子来总结规则。

(7)总结:对输入信息进行周期性的总结,以便更好地记忆。

(8)意象:运用视觉表象来实现对新信息的理解和记忆。

（9）迁移：通过对已有语言知识的运用促进新的学习任务。

（10）注意：将思想集中于重要信息或与学习有关的信息上，要对信息材料保持高度的警觉。

（11）精加工：在已有信息与新信息之间，或在新信息之间建立命题联系并加以整合。

（12）简化：运用数字、符号、缩写、关键词等记录和储存信息。

（二）认知策略的培养

1.举例示范

从本质上看，认知策略是一种内在调控技能，其规则反映了人类认知世界的规律。而人类的活动往往潜藏于人的内部，无法从外部直接观察到，教师很难通过直观演示的方法将这类概念和规律教授给学生。所以，教师如何通过具体的实例向学生示范策略应用的情形是认知策略教学的一个难点。

2.反复练习与运用

认知策略中涉及的概念、规则都具有高度的概括性，运用起来也有很强的灵活性。英语认知策略教学必须在长期、反复的练习过程中才能发挥很好的效果。

3.符合认知发展水平

认知策略是建立在学生认知能力基础上的学习策略，因此必然受制于学生自身的认知发展水平。智慧、技能的习得取决于对低一级智慧、技能的掌握程度。因此，学生认知策略的习得与其整个认知发展水平密切相关。例如，如果学生头脑当中没有分类的概念，教师就很难直接教他们如何利用分类来记忆知识。总体而言，在大学英语教学中，教师不仅要教授学生语言方面的知识和技能，也要培养学生的认知策略，以使学生掌握正确的学习方法和学习策略，提高自我控制与调节能力，进而提高学习效率。

二、研究性学习策略

在大学英语教学中实施研究性学习策略顺应了当前大学英语教学改革的总体要求,能有效提高学生自主学习和个性化学习的能力,有助于培养学生的创新思维和实践能力。

(一)研究性学习当前存在的误区

1.研究性学习占主导或完全取代接受性学习

研究性学习是相对于接受性学习而提出的一种探究式学习和教学方法。无论在个体学习还是在教学中,两种方式相辅相成、缺一不可。传统教学一直以接受性学习为主,教师通过讲授尽可能地向学生传授知识。而随着网络时代的到来,计算机的普及为学生自主学习、探究知识提供了广阔的空间和无限的可能。研究性学习模式顺应了时代发展要求,满足了学生对知识的渴求。但是进行研究性学习的前提是学习者已经具备一定的知识基础,学习者只有通过有意义的接受性学习才能为研究性学习打下坚实基础。再者,教师的讲授可以在短时间内明确所学知识的重点、难点,有的放矢,为学生全面获取知识指引正确的方向,对学生的研究性学习起到事半功倍之效。尤其是在大学英语的学习中,低年级学生在词汇储备、阅读表达能力方面的不足都将影响研究性学习的效果和课题探讨的深度,有必要通过接受性学习来弥补不足,为更好地进行研究性学习做好准备。因此,二者缺一不可。教师应合理安排接受性学习与研究性学习的内容,引导学生正确认识两种学习方式,灵活应用。

2.研究性学习重在"研究",而轻"学习"

研究性学习归根结底是一种学习方式,而"研究"是这种学习所要凭借的途径和方法。大学英语作为学科本身并不像很多理工学科,通过实验、数据分析就可得出科研的新成果、新数据,产生研究成果。大学英语中研究性学习的核心在于通过一种类似研究的认知和心理方式来进行学习，其目的不是要达到预期的研究成果，而是在此过程中达到良好的学习效果，即拓宽学生的语言知识储备和文化视野，以英语为语言载体，通过网络、图书、报刊、影视等信息来源，自主探究、掌握并最终能够实际运用所学，从而培养学生的交际能力、实际运用外语知识的能力、分析和解决问题的能力、开放性思维能力等，最终实现综合素质的提高。因此，大学英语中的研究性学习课题并非一定要具有科研性，更多的是学生在学习和生活中感兴趣的主题，如中西文化对比、英语影视语言、英语中的俚语专题等。

3.实施研究性学习，教师成了旁观者

在接受性学习中，教师是知识的传授者、课堂的主导者。课堂以知识讲授、答疑解惑为主。而研究性学习强调以学生为中心，以学生的自主性、探索性学习为基础，很多教学内容将在课外完成，课堂似乎成了课题研究的成果展示场所，而教师只需对展示成果加以评价、总结，成了学生学习的旁观者或监督者。这种错误的观点完全没有认清教师在整个研究性学习中所起的作用，也没有理解研究性学习对教师的新要求。在研究性学习中，教师要进行研究设计，要在学生学习过程中给予他们帮助、进行监督和评估。教师作为决策者、组织者、指导者、促进者贯穿整个学习过程。在研究性学习的准备和开展过程中，教师首先要自己对课题进行研究和准备，确定对学生学习最有意义的主题，对课题的深度、广度加以了解，告知学生可能涉及的内容和需要用到的方法，根据学生的状况适时调整进度并做出决策。教师组织学生以个人或小组的方式开展研究性学习，在遇到困难时，教师要与学生共同探讨，指导学生间或小组间的协作，促进研究顺利进行。教师要引导学生以积极的心态参与学习，培养团队协作精神。要想顺利开展研究性学习，教师自身要不断自我学习，更新教学观念，深刻理解研究性学习的理念、目标、内容和方法，这是有效实施研究性学习的前提。其次，教师要不断扩充知识储备和提高教学科研能力。再次，教师要具有团队协作精神、组织能力，要在研究性学习的过程中培养学生的研究能力、

创新精神，同时更要对学生进行情感教育，做到"全人教育"。因此，教师可能要付出比接受性教学更多的努力，才能给予学生全方位的指导和支持。

（二）研究性学习策略的培养

针对以上误区，在大学英语研究性学习过程中教师应重视以下几点。

首先，师生都要转变观念，加强理论学习与方法培训。教师在深刻理解研究性学习理论的基础上，在开展研究性学习前就研究性学习理念、学习方法、各阶段的任务等对学生进行培训，以产生更好的学习效果，保证学习过程顺利开展。

其次，结合大学英语课程的特色，重视学习过程。大学英语研究性学习的目的是激发学生的学习兴趣，使学生能够积极主动地学习语言知识，拓宽文化视野，用语言作为工具完成研究课题，提高语言综合应用能力以及自主学习能力，因此大学英语教师要重视在学习过程中对文化的渗透和对学生能力的培养。

最后，采用多方位的评价机制。大学英语研究性学习不以研究成果的科研性、独创性为目的，而是重视学生在学习过程中的发展。教师要对学生利用各种资源的能力、解决问题的能力、学习态度和方法、小组团队合作能力、思维能力等方面进行评价。

三、交际策略

学生学习英语的主要目的就是用英语进行交际，所以学生有必要掌握一定的交际策略。在交际过程中，交际者在无法用恰当的词句表达自己的思想时，就需要有意识地借助某种副语言或非语言手段来解决交际困境，从而使自己的思想得到清楚的传达，这种手段就是交际策略。

（一）交际策略的类型

1. 词汇策略

（1）目标语策略：学习者采用目标语对某一词语进行描述。

（2）迂回说法：学习者用目标语对某物的成分或某行为的特点进行描述，使对方明白自己的意思。

（3）创造新词：学习者为了将所要表达的概念表达清楚而创造出一个新的词语。

（4）用近义词：学习者用目标语中的某个词代替所要表达的词语。

（5）用同义词：学习者使用同义词表达另一词语的意思。

（6）用反义词：学习者使用反义词表达另一词语的意思。

2. 知识策略

所谓知识策略，即学习者根据既有的常识与经验，通过联想来借助目标语表达某个词语的含义。

3. 重复策略

重复策略是指发话人将自己的话语重述一遍，以引起对方的重视，希望对方对自己的话语认真思考，猜出其中隐藏的含义。

4. 手势策略

手势策略是指交际者利用手势辅助自己的话语来传递信息，或借助手势来解决自己表达中遇到的困难，从而使对方更好地理解自己的意思。

5. 回避策略

回避策略是指交际者在表达中遇到不知该如何表达的问题时，放弃某个相关的语言单位或放弃这一话题。

（二）交际能力的培养

交际能力并非一种与生俱来的能力，而是需要有意识地培养才能形成的。

其培养可以从以下两个方面着手。

1.关注交际策略的运用

要想提高对交际策略的掌握程度，仅仅参与交际活动是不够的，更重要的是有意识地运用这一策略。学习者在交际过程中要敢于表达自己的观点、想法和情感，要将注意力放在交际的内容上，而不是只注重语言的形式。要尝试使用交际策略解决语言困难，保证交际活动正常进行，在不断熟练使用交际策略的过程中增强自信心，提高交际能力。

2.积极参与交际活动

交际策略，顾名思义是在交际中使用的策略，那么交际策略的培养自然离不开交际活动。学习者若要掌握这一策略，必须积极、大胆地使用外语与其他人进行交流，不要害怕在交流中出现错误，要敢于开口。同时，学习者要学会利用各种渠道提高自己的交际能力，在真实的交际环境中形成切实有效的交际策略。

总体而言，交际策略是一种于学习十分有益的策略，掌握了这一策略，学生就能在更多真实的交际中感受真实的英语，学会处理各种问题，最终提高自己的英语运用能力。

第三章　英语教学方法与课程设计概述

第一节　英语教学方法的定义

"方法"一词的定义是"关于解决思想、说话、行动等问题的门路、程序等"。从这一定义可以看出,"方法"的意思可大可小。针对英语教学而言,方法大致可分为宏观层、中观层和微观层三个层面。

宏观层是指英语教学中涉及的理论、观点、主张和操作程序等,它们之间是相互支持、相互配合和整合的关系,这样看来,宏观层的英语教学既是一个相互合作的整体,同时又是一个相对独立、完整的思想体系。因此,宏观层的英语教学法又叫英语教学流派,如语法翻译法、直接法、认知法、交际法等。

中观层指的是英语教学中某些规律性的、固定的"套路",是一种较为复杂、分为若干步骤的、系统的技巧和做法。如3P法(Presentation、Practice、Production)、IRF法(Initiation、Response、Feedback)、PWP法(Pre-reading、While-reading、Post-reading)等。

微观层指的是具体的教学技能技巧。在这一层面上,"方法"一词不再是英语教学中的专用术语,而是日常用语,其含义是"解决某一具体问题的某一具体做法",也可称为"技能"或"技巧",如词汇教学中的默写法、语法教学中的演绎法和归纳法等。

中观层和微观层我们就不多加论述了,这里我们重点对宏观层的英语教学方法(也就是英语教学的理论体系)进行研究。我们采用理查兹(I. A. Richards)等人的观点,对"英语教学方法"做如下解释:

语言教学方法也就是教授语言的方法,它是有系统的原则和程序的,也就是说遵循怎样的原则和程序可以获得教授和学习语言的最佳方法。不同的语言教学方法,如直接法、听说法、视听法、语法翻译法、交际法等就是关于语言的本质特征的;语言学习的本质特征是语言教学目标、大纲、教师、学生、教材等各方面的不同观点的应用结果。通过上述定义可以看出,英语教学方法是有关语言教与学的最佳方式的观点的应用,同时,它以一定的原则和程序为基础,只有遵守这些基本的原则和程序,才能取得良好的效果。换句话说,英语教学方法是一种关于英语教学的思想体系,它包含着两个方面的内容,分别是理论基础层面和实践操作层面。显而易见,理论基础层面解决的就是英语教学的基本理论和基本原则等方面的问题,而实践操作层面解决的就是教学活动和实践中的问题。在这两个层面的问题处理上,所用方法也是不同的:理论基础层面的教学方法是科学分析,而实践操作层面的教学方法是科学应用,两者结合在一起便是对英语教学方法最好的解释。

第二节　英语教学方法的基本架构模式

基本架构是英语教学方法的内部问题,它为读者提供了一个了解、分析、比较、解决各种英语教学方法内部问题的工具,同时也为英语教师建立自己的教学方法体系、形成自己独特的教学风格提供参考。接下来我们就来分析教学方法中的几种架构模式。

一、AMT 三级架构模式

美国应用语言学家安东尼（E. M. Anthony）试图说明英语教学科学分析和科学应用两个层面之间存在既不同又相互依赖的关系，提出了有关英语教学方法的三级架构模式。

该体系具有层次特征，其组织架构是：技巧策略实现某种方法体系，而方法体系则必须与理论原则相一致。理论原则是有关语言教与学的一整套相关假设，理论原则具有自明性，其论述对象是教学内容的本质。方法体系则是关于有序呈现语言教学材料的整体计划，这一计划的各个部分都必须相互和谐一致，并与其理论原则相一致。理论原则具有自明性，而教学方法则具有程序性。在同一个理论原则的基础上，可以建立许多不同的教学方法体系。技巧策略具有工具性，包括为了达到具体的眼前的教学目的所采用的活动、窍门、设计、办法、技巧、策略等。技巧策略必须与方法体系一致，因此也就必须符合理论原则。

我们称安东尼的理论为 AMT 三级架构模式，如图 3-1 所示。

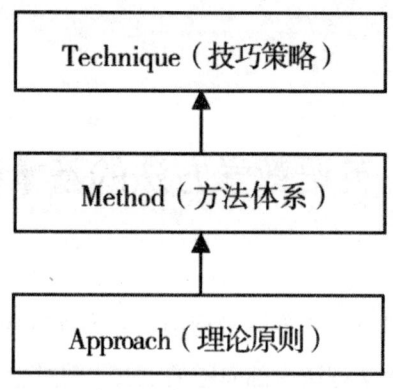

图 3-1　AMT 三级架构模式

安东尼的 AMT 三级架构模式具有清晰的层次性和严密的逻辑性。该模式中的"Approach"在中国英语教学理论界一般被译为"方法",但是在此语境下译为"理论原则"更为贴切。根据这一模式,A 层,即理论原则层,其任务是阐述有关语言和语言学习的本质特征的基本认识和观点;M 层,即方法体系层,其任务是在对语言和语言学习本质特征认识的基础上,确立语言教学的基本内容、主要形式、操作顺序、活动特征、教学框架等;T 层,即技巧策略层,其任务是描述课堂教学的技巧、策略、活动、任务等具体内容。A 层是深层,是基础层,直接决定 M 层,间接决定 T 层;M 层是中间层,介于 A 层和 T 层之间,决定 T 层,自己也被 A 层所决定;T 层是表层,直接取决于 M 层,间接取决于 A 层。

然而,由于该模式把教学理论原则和教学技巧策略描述为教学方法体系的外围结构,而不是教学方法体系本身的内部结构,因此尽管该模式所描绘的整个概念架构十分合理,但其所含的教学方法体系本身却显得十分单薄。鉴于此,理查兹与罗杰斯(C. R. Rodgers)在该模式的基础上创建了一个更为合理的 ADP 三维模式。

二、ADP 三维模式

ADP 三维模式认为,一个完整的英语教学方法应该具有三维描述,即分别从教学理论原则(Approach)、教学设计(Design)和教学步骤(Procedure)三个方面进行描述。教学理论原则是有关语言和语言学习的基本理论,包括对语言本质特征的描述,如语言能力是什么、语言结构的基本单位是什么等。教学理论原则还描述了语言学习的本质特征,如语言学习的认知过程和心理语言过程是什么、有利于这些过程的条件是什么等。教学设计是教学方法的核心,它对教学内容、教学形式、教学顺序、教学活动等进行分析和确定。教学步骤是指教学方法的实施过程,一切在课堂中实际进行和完成的事情都可以是教学步骤的一部分。教学方法内部三者之间既互不相同，又相互联系。

与安东尼的 AMT 三级架构模式不同，理查兹与罗杰斯的教学方法架构是三维结构，A、D、P 三维彼此独立，又相互依存，共同构成教学方法，形成了教学方法的完整架构。因此，在形态上，ADP 三维模式更趋完美。另外，该模式不仅把语言和语言学习理论以及教学技巧纳入教学方法体系范畴之内，而且对方法体系的核心内容进行了具体的分类，使之更加充实和丰富。因此，在内容上，ADP 三维模式也更加完善。

但是，由于 ADP 三维模式使教学设计停留在理论的范畴，而把教学步骤推到实践的前台，这就使得教学步骤与教学设计分裂开来，导致一些内容重复出现在教学设计和教学步骤中。而且，从本质上讲，教学方法本身只是概念的组合，而不是教学实践本身，教学方法的应用才是教学实践。因此，把教学方法的课堂应用纳入教学方法体系本身的架构中似乎难以令人信服。

三、五层框架模式

我国学者王才仁在综合考查前人的教学方法架构模式之后，提出了一个五层框架模式，如图 3-2 所示。

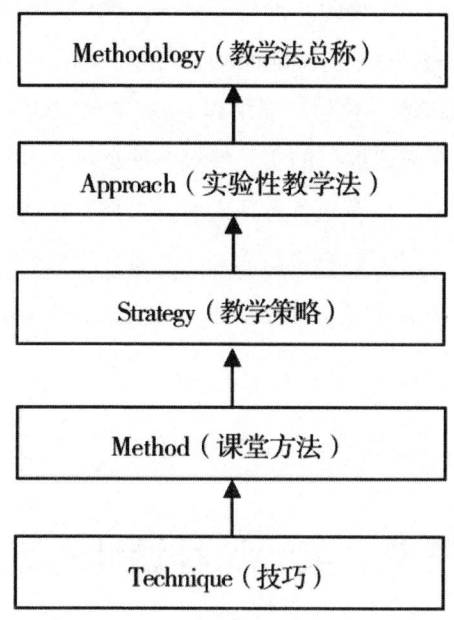

图 3-2　五层框架模式

该模式对有关教学方法的概念进行了通盘整理，明确了它们的定义及相互关系，十分严谨合理。这一模式的精髓在于通过教学策略这一层把与整个方法论相关的概念体系一分为二。上面的教学法总称是教学法则和实验性教学法，即教学基础理论原则，是理论部分，属于科学范畴；下面的课堂方法即一般讲的教学方法和教学技巧，是实践部分，属于艺术范畴。这样，通过教师的策划，即策略所起的桥梁作用，就把理论和实践、科学与艺术有机地统一在一个完整的框架中，形成了一个上下一体、逻辑严密的英语教学方法论说明体系。毫无疑问，这一模式的提出，丰富了中国英语教学方法的研究理论，积累了一份属于中国英语教学自己的思想财富。

然而，这一模式存在的问题也是显而易见的。首先，该模式把教学方法局限在狭小的课堂空间内，不利于方法的整体性与教学的整体性保持一致。其次，该模式把教学策略定位于教学方法之上，与一般的观点恰好相反，容易引起理解和使用上的混乱。再次，该模式的建立以英文概念为基础，由于在英文文献中存在着 Approach、Method、Methodology 等概念的混乱，而且这些概念的形成都源于以英语为第二语言教学的理论和实践，以此为基础的中文概念体系难免存在不足。最后，该模式提出的实验性教学法概念，也很难融入当今主流概念大众体系中，很难为广大英语教师所理解。当然，任何一个模式的提出都有其特定的历史原因，五层框架模式是为其"二重论"教学理论体系服务的，其"二重论"教学理论本质上是交际法中国本土化的完美结晶，也是交际法历史发展的顶峰。

第三节　英语课程设计的定义

　　课程设计指的是制订或更新课程的计划以及实施的过程，主要包括需求分析、教学环境分析、教学目标制定、教学大纲设计、教材设计以及对整个课程的评价。它们形成了一个互动的体系。作为一个整体，每一个阶段发生的变化都对其他阶段产生影响。简而言之，课程设计是教学规划、设计、实施、评价、完善等一系列工作的总和，是一个系统工程。

　　课程设计包含以下几个原则：

　　第一，整体性原则。按系统论来说，教学过程是一个整体，是一个多任务、多层次、多要素构成的复杂系统。

　　第二，统一性原则。教学程序是由教与学的双边活动构成的，必须首先正确处理教学系统中教与学的关系。

　　第三，多样性原则。教学程序是从实现教学目标出发，提高学生的原有水平，从而达到预期成就的过程。因此，教与学必须灵活多样。

第四，连贯性原则。程序的连贯性的最终目的在于使学生的学习达到预期的成就和水平。

第五，主动性原则。此原则要求构成程序的各个步骤不仅要列出教学任务，同时要列出实现任务的各步动作，这是保证学习任务完成的关键。因为任何经验的积累，总是在主客体相互作用过程中，在反映对象的基础上实现的。

课程设计不是一次性的设计，而是设计、实施、研究、改善、再设计、再实施的循环过程。如同其他任何工作一样，要做得更好就需要不断完善，精益求精。课程设计是一个过程，涉及一系列的步骤，由多个环节或阶段组成。设计一门课程需要教师在教育和教学理论的指导下确立教学目标，制作教学大纲，选择、改编和开发与教学大纲匹配的教材，依照教材决定教学方法，最后评价课程是否达到教学目标。

第四节　英语课程设计的基本架构模式

英语课程设计的基本架构模式主要有线性模式、动态模式、专门用途英语课程设计模式等。需要注意的是，课程设计模式在实际运用中是不断发展和完善的。

一、线性模式

泰勒（T. W. Tyler）最早提出了一个课程设计的模式，它是一个线性模式，即一个环节通往下一个环节，一环扣一环。他强调课程设计应遵循确定教育目标、选择教育经历、组织教育经历、评价教育目标的实现情况四个步骤，这也

被称作泰勒法则。泰勒认为,在课程设计过程中,教师必须回答以下四个关键问题:

(1) 学校应力求达到何种教育目标?

(2) 需要为学生提供怎样的教育经历才能达到这些教育目标?

(3) 如何有效地组织这些教育经历?

(4) 教师如何教学才能确保这些教育目标得以实现?

泰勒的课程设计模式体现了课程的本质和核心内容,它包括四个方面:课程的教学目标、课程的教学内容、课程的教学组织和课程的教学评价。

泰勒提出的四个问题,构成了考查课程与教学问题的基本原理,既为课程设计提供了理论基础,又为课程研究提供了范式。

第一个问题涉及总体目标和教学目标。总体目标是国家、地区或学校制定的英语教育的宏观目标,是学校教育的指南。教学目标是教师根据自己对教育理论的理解以及自身的教学经验,将总体目标具体化的结果。第二个问题是关于教学内容的选择,也就是人们现在说的教学大纲设计。第三个问题是教师有效地组织课堂教学内容和实施课堂教学。第四个问题是通过评价检验教学目标以及总体目标的实现情况,了解教学效果。这样,课程设计就覆盖了语言课程和语言教学的整个过程,是一个完整的体系。

泰勒的课程设计过程被认为是经典的、系统性的课程设计模式。它带来了20世纪50年代的课程研究复兴,导致了一系列课程设计模式的推出,产生了重大的影响。

二、动态模式

怀特(G. White)提出了一个圆形的课程设计模式。他认为,教学评价不是课程设计的终点,而应该起到为修改和完善教学目标提供依据的作用。因此,课程设计的起点和终点需要汇合,形成一个周而复始、不断更新的动态循环。

格雷夫斯（K. Graves）也提出了一个课程设计的动态模式，它由几个阶段组成：设计课程、实施教学、修改或再设计课程、再实施教学，形成一个反复周转、不断评价和不断决策的循环过程。它也是一个概念化—实践—再度概念化—再度实践的过程。

在动态模式中，课程设计是一个循环的过程，其中教学目标、教学内容、教学方法和教学评价四个组成部分是不可分割的。如果其中的一个有所变化，势必导致其他部分的改变。而且，课程设计不是一次性完成的，它需要反复进行，因为每次的课程设计都需要在实践中检验，接受评价，然后再作出决策，不断改进和完善。

三、专门用途英语课程设计模式

罗宾逊（D. Robinson）论述了专门用途英语课程设计模式的特点，他认为，专门用途英语课程设计是一系列因素互相作用而产生的结果，如需求分析的结果，课程设计者对教学大纲、教学方法以及现有教材所持的态度，等等。所有这些因素都因具体条件的限制而需要作出修改和调整。课程设计不仅意味着从一个阶段过渡到另一个阶段，各个阶段之间还存在密切的关联；同时它还反映出课程设计者对教学内容、方法和教材所持的观点。此外，课程设计的各个环节也会受到各地资源和条件的制约。所以课程设计者还需要将这些因素考虑进来，并采取相应的措施。

沃特斯（A. Waters）也对课程设计的全过程作出概括，他将专门用途英语课程设计的步骤归纳为：需求分析—课程计划—教材选择—教学过程—教学评估。他认为，课程设计是一个过程，人们研究、搜集有关学习需求的一些原始资料，是为了设计综合性的教学方案，其最终目的是引导学生获得某些特定的语言知识。人们运用理论与实践知识，制定教学大纲；根据教学大纲选择、改编和编写教材；然后根据教材决定教学方法；最后，建立一套评估手段用以检测先前所制定的目标的进展情况。

在此基础上，沃特斯还总结了专门用途英语课程设计模式常采用的三种方案：以语言为中心的课程设计方案、以技能为中心的课程设计方案和以学习为中心的课程设计方案。

（一）以语言为中心的课程设计方案

以语言为中心的课程设计方案包含以下步骤：①确定目标场景，同时选择语言理论。②确定目标场景中的语言特征。③设计教学大纲。④设计教材，将教学大纲具体化。⑤制定评价体系，检验教学大纲中语言知识教学的实施情况。

以语言为中心的课程设计方案比较强调语言知识的重要性，例如，第一步就是以语言理论为指导，第二步是掌握学生将来所需要使用语言的特点，然后在此基础上设计教学大纲和教材。可以确定，教学大纲和教材是围绕语言知识而设计的。最后一个步骤是评价以语言为中心的教学大纲的完成情况。本方案的特点为：

（1）目标场景分析决定了语言课程的内容，目标场景所需要的语言就是课程的重点。

（2）课程的内容是提供语言知识。

（3）学生被认为是语言的接受者。

（4）以达到目标场景语言能力为主要目的，未能考虑各种学习因素，如学习规律、学生的情感因素等。

（二）以技能为中心的课程设计方案

以技能为中心的课程设计方案包含以下步骤：①确定目标场景。②分析目标场景中所需要的语言技能，同时选择语言理论和学习理论。③设计教学大纲。④选择课文和练习，聚焦教学大纲中的语言技能。⑤制定评价体系，检验教学大纲中语言技能教学的实施情况。

以技能为中心的课程设计方案突出了语言技能的重要性。在课程设计初期,根据学生的目标场景分析出所需要的语言技能,并以语言理论和学习理论为指导,设计出教学大纲。毫无疑问,教学大纲是围绕语言技能的学习而设计的。之后的教材和教学内容也反映了以语言技能为中心的教学大纲的要求。当然,课程评价也是检验以语言技能为中心的教学大纲的完成情况的。本方案的特点为:

（1）帮助学生掌握语言技能,培养学生的语言运用能力。

（2）认定语言能力与未来的学习和工作有直接关联。

（3）认为学生是语言使用者,而非语言学习者。

（4）虽然注重技能的培养,但未能重视学习过程,如教学方法、学生的学习经历和感受等。

（三）以学习为中心的课程设计方案

以学习为中心的课程设计包含以下步骤:①确定学生。②选择学习理论和分析学生的学习情境,同时选择语言理论和分析目标场景。③确定学生的学习愿望和学习态度、教学的需要和教学环境的局限,以及目标场景中所需要的语言技能和语言知识。④设计教学大纲和编写教材,目的是最大限度地开发学生的学习潜力,以使学生获得语言技能和语言知识。⑤评价以学习为中心的教学大纲的完成情况,评价结果又反馈到第二步。

可以发现,以学习为中心的课程设计方案与前面两个方案有所不同。它弥补了以语言为中心的课程设计方案和以技能为中心的课程设计方案的不足,即没有重视学习过程、学生的学习经历和感受,没有考虑各种学习因素如学习需求、学习规律、学习态度、情感因素等。本方案的特点为:

（1）学习情境和目标场景的需求都对教学大纲、教材、教学方法以及教学评价产生影响。

（2）课程设计的每个阶段都考虑了学生的学习需要。

（3）学生是语言学习者，课程设计关注学生获得语言知识和技能的过程。

（4）课程设计是一个动态的、互动的过程，并具有反馈机制。

第四章　大学英语课程设计概述

第一节　大学英语课程设计的背景

要想在竞争激烈的人才市场中脱颖而出，学生需要兼具知识和能力。合理的大学英语课程设计对于非英语专业学生综合能力的培养是非常重要的，课程设计合理，才能够培养更多高素质的复合型人才。然而，设计合理的大学英语课程的首要前提是能够正确地、客观地分析各方面的需求，而不是主观臆断，需求分析是大学英语课程设计必不可少的环节。

一、大学英语教学面临的挑战分析

随着社会的不断进步和发展，大学英语教学将面临更多的挑战。一方面，高校扩招导致学生人数猛增，大学英语普遍采用大班授课，使得很多非英语专业学生不能够充分重视大学英语的学习，很少有机会去使用英语，英语学习成绩和学习效果显著下降；另一方面，就业岗位的需求对大学生的能力提出了更高的要求，大学生不仅要具备专业知识，而且要具备一定的英语水平，只有这样才能增强自身的竞争力，更好地参与国际交流与合作。

二、大学英语课程设计的需求分析

需求分析是大学英语课程设计必不可少的环节，要想设计合理的大学英语课程，以下两方面的需求是不容忽视的。

（一）社会需求

社会需求指的是社会对人才的外语能力的要求。国际交流的日益频繁使得对人才的要求也逐渐提高，当今社会的人才不仅需要拥有扎实的专业知识，更需要能够灵活掌握与人沟通的工具——语言，特别是英语。而不同专业对英语能力的需求呈现出专业化的特点。研究型专业需要从业人员能够读懂外国资料，随时了解本专业领域的国外发展动态，因此从事该专业的人才需要更加注重阅读和写作方面的英语能力；而社交型专业则需要从业人员能够流利地、无障碍地与他人交流，因此注重的是人才的英语听说能力。根据社会的不同需求，高校需要培养出不同层次水平、适合不同需求的人才。因此，只有把社会需求了解清楚，课程的设计才能建立在科学、合理的基础上，培养出的学生才能够更好地为社会的各个行业服务。

（二）学生需求

学生是学习的主体，因此现代教育理念提倡"以人为本""以学生为中心"，强调关注学生需求。学生需求主要分为专业需求、目标需求、心理情感需求。

首先，不同专业的学生对于英语知识的学习和英语能力的要求是不同的。例如，法律专业的学生除了需要在普通英语教学课堂上学习英语，他们还需要了解与本专业相关的英语知识。

其次，不同的大学生对未来有不同的规划，有的学生毕业之后想要考研，继续深造；有的学生想要毕业之后就走上工作岗位。目标的不同决定了他们对英语学习的需求也是不一样的。针对要考研的学生，教师要能够提供更深、更广的英语知识，为他们在考试中取得好的成绩打下坚实的基础；而针对就业的学生来说，他们需要教师能够多训练他们在今后的工作岗位上使用的英语技能，坚持以就业为导向，将学习和工作联系起来，使英语教学切实地帮助他们更好地就业。

最后，学生作为个体是有很大差异的。不同的学生有不同的兴趣和动机、不同的英语基础，教师应该充分考虑到学生的情感因素。

三、基于需求分析的大学英语课程设计

以上述的社会需求和学生需求分析为依据，针对非英语专业学生的合理的英语课程设计应该包括基础英语、专门用途英语和跨文化交际。基础英语可以为非英语专业学生提供学习和巩固英语知识、锻炼英语综合运用能力的机会；专门用途英语能够根据不同行业的具体要求，为学生们提供与所学专业相关的专业词汇和信息；跨文化交际可以为对外国文化感兴趣的学生们提供更多有关英语国家历史、风俗习惯和观念的知识，有助于开阔学生们的视野。

大学英语课程设计应该以需求分析为指导，从社会和学生的需求出发，以行业为导向，以学生为中心，具有较强的针对性，能够满足社会发展需求和学生学习英语的需求。英语教师应该根据不同行业的特殊性和不同学生的特点，在教学过程中注重因材施教，培养学生的自主学习能力，为他们将来的就业提供更多实用的知识。

第二节　大学英语高级选修课程设计研究

大学英语课程不仅是一门语言基础课程,还是拓宽知识、了解世界文化的素质教育课程,兼有工具性和人文性。大学英语课程设计要充分考虑对学生的文化素质培养和国际文化知识的传授;充分考虑听说能力培养的要求,并保证足够的学时和学分;大量使用先进的信息技术,开发和建设各种基于计算机和网络的课程,为学生提供良好的语言学习环境与条件。大学英语的课程设计要充分体现个性化,考虑不同起点的学生,既要照顾起点较低的学生,又要为基础较好的学生创造发展的空间;既能帮助学生打下扎实的语言基础,又能培养他们较强的实际应用能力,尤其是听说能力;既要保证学生在整个大学期间的英语语言水平稳步提高,又要有利于学生个性化的学习,以满足他们各自不同专业的发展需要。

一、大学英语高级选修课程的基本模式

开设大学英语高级选修课程的目的是为学习者提供多样化的教学材料和教学形式,重点在于鼓励学生自主学习。其教学内容趣味性强、形式多样的课程特点,能够多方位刺激人的感官,激发学习者的学习动机。动机是激发和维持个体活动,并使活动朝着一定目标努力的内部心理倾向或内部动力。大学英语选修课程的设计,一定要以提高学生英语实际应用能力为主要目标,在提高学生在本专业和相关专业领域的口语和文字交流能力上下功夫。总的来说,大学英语选修课程设计可分为以下三大类。

（一）语言知识与技能类

这类课程包括大学英语口语、大学英语写作、大学英语翻译、广告英语、大学英语视听说、法律英语、计算机英语、旅游英语、实用就业英语、大学英语口译等。

（二）语言应用类

这类课程包括商务英语、科技报刊阅读、英语演讲与辩论等。大学英语课程应使学生把所掌握的英语语言知识和语言技能应用到学习之中。

（三）语言与文化类

这类课程包括英美社会与文化、英美文学欣赏、英语影视欣赏等。这类选修课帮助学生从批判的视角去理解语言的思想内涵，在运用中学习语言，丰富学生的文化知识。

二、大学英语高级选修课程的教学方法

采用灵活多样的教学方法是达到教学目的和教学要求的重要手段，大学英语选修课程的教学目的是培养学生的英语实际应用能力，所以教学重点是讲解英语语言知识和技能，使学生了解英语语言和文化，并能自觉地运用英语这个工具获取前沿的专业知识。

适当的课堂活动不仅有利于学生英语应用能力的提高，而且有利于知识的掌握。大学英语选修课教师应该改进教学方法，提高教学效率。一方面，在教学过程中应打破传统的英语课堂以翻译课文为主的教学方法，多创造条件让学生进行口语交流。口语交流可以围绕课文内容进行，也可以表达他们熟悉的专业知识，还可以将与专业有关的重大新闻题材作为对话的主题。另一方面，由

于选修课普遍存在课时少、内容多、授课班级大等现象，因此为了保证教学质量及效果，在课堂教学中，要充分利用现代化的教学技术，采用多媒体教学和网络课堂教学，让丰富多彩的教学方式激发学生学习专业英语的兴趣。多媒体课件图、文、声并茂，授课教师将所要讲授的内容制作成多媒体教学课件，使抽象、枯燥的英语学习内容转变为生动、真实、可视、可听、形象有趣的教育信息，并以形象、生动、直观的方式演示出来，为学生创造真实、生动和形象的英语语言环境，有利于学生的理解和记忆，同时也节约了课堂上板书的时间，提高了有限的课堂时间的利用率。此外，教师还应该鼓励学生多看原版教材，多浏览英文网站。这既可以扩展学生的专业知识面，使学生了解行业的最新动态，也可以使学生养成用英语收集信息的习惯，提高学生的语言学习技能和专业学习技能，达到专业英语教学的目的，即培养学生运用英语进行交际的能力。

三、大学英语高级选修课程的管理

（一）加强对学生选课的引导

为了防止出现学生为挣学分而选课的现象，教学管理部门必须做好学生选课的引导工作。每学期期末都必须做好下学期学生选课的准备，让学生了解课程的内容，结合自己的专业需要与个人兴趣进行合理的选择。一旦选择了适当的选修课，确定了学习目标，学生就要自始至终地进行学习，绝不允许"选而不修、混学分"的现象出现。

（二）加强教师开课管理

教学主管部门，如学校教务处和学院教学办，必须严格执行开课审批制度。开课教师必须向教学主管部门提交内容详尽的开课申请表，并制定该课程的教学大纲和考试大纲。凡是没有主讲教师资格的教师不允许开课，教务处严格审阅教师开课材料，如教学计划、教材、参考书等；教学管理部门要充分利用校园网络优势，使学生可以在校园网上获得每门公选课的相关信息，如课程的安排、课程简介、开课要求、课时、学分、主讲教师简介、上课时间地点、限选人数、已选人数等各种动态信息。

（三）加强教学过程监督

开课前，授课教师须在校园网上对自己所开课程做一个详细的介绍，说明本门课的教学目的、教学要求、教学内容、教学方法、其他教学活动、答疑辅导方式、使用教材和参考书目、考试方式和成绩评定办法等，使学生对该课程一目了然，以便决定选哪门课。学校建立随机听课制度。校、学院等各级教学管理人员应对授课情况进行检查、督导，随时监督授课质量，以便及时发现问题，并提出改进措施，保证教学质量的提高。教师应充分发挥学生信息员的作用，认真对待他们反映的情况；建立学生评教机制，实行网上评教，让学生对所学课程做出评价。

（四）加强对学生的管理，严格落实课程考试制度

有些选课学生单纯是以挣学分为主要目的的，很少按时参加课程学习；有的学生只是喜欢上课教师，也不管所选课程是否适合自己。鉴于这些情形，为了提高学生对大学英语高级选修课程的参与性和积极性，除了加强学生纪律教育，还必须严格落实考试制度，紧密结合课程教学内容，实现"形成性评价＋终结性评价"的考评体系。

第三节 解决大学英语课程设计所存在问题需遵循的原则

大学英语课程设计的主要依据是《大学英语课程教学要求》，然而《大学英语课程教学要求》中的相关规定还不够完善，影响了大学英语课程体系的建设。尽管近年来学界对大学英语课程体系的研究取得了一定的成果，但在实践中许多高校仍然依循传统，忽视科学的课程理念，对学生的英语能力需求缺乏有效回应，教材设计、课时安排、教学内容、教学方法等比较陈旧。事实上，《大学英语课程教学要求》只是一种宏观政策指导，各个高校要根据本校的具体情况，适时地做出相应的改变和调整。

当前，对于语言的性质和语言习得已有了大量的研究，这可以帮助选择教学内容以及确定教学顺序。关于如何促进总体学习以及特定语言学习也有很多研究，这可以作为指导大学英语学习的基本原则，例如，重复学习原则、深度处理材料原则、考虑个体差异原则、认知风格原则、学习态度原则和学习动机原则等，课程设计应该将这些学习原则与具体的教学联系起来。下面列出的二十条原则可以帮助解决目前大学英语教学中存在的种种问题。

一、有关大学英语教学内容以及呈现顺序的原则

（1）频率：语言课程必须通过收录语言中反复出现的项目，尽可能地覆盖语言的用法，使学生从他们的付出中得到最大的回报。

（2）策略和自主：语言课程应该训练学生如何学习语言、如何监控自己的学习，这样他们才可以成为效率高的独立的学习者。

（3）间断性复习：学生应该有间隔性复习的机会。

（4）语言体系：课程的语言焦点必须落在可以推广的项目上，这意味着省时省力。

（5）不断推进：语言课程应该不断地覆盖有用的语言项目、技能和策略。

（6）可教性：语言项目的教学应该考虑到语言项目如何排列才最有利，应该考虑到对学习者来说什么时间是学习的最佳时机。

（7）学习负担：语言课程应该帮助学生有效地利用先前的知识，减轻学生的学习负担。

（8）干扰：排列语言项目时要考虑到一起学习的项目应该彼此之间产生积极影响，避免相互干扰。

二、具体呈现格式的原则

（9）动机：要尽可能地让学生对语言学习充满兴趣，感到激动，使学生意识到语言学习有价值。

（10）四方格：语言课程应该使意识的输入、语言的学习、意识的输出和语言交流活动大致平衡。

（11）可理解性输入：在听读方面应该有大量有趣的可理解性输入活动。

（12）流利：语言课程应该提供各种活动帮助学生在输入和输出上运用已有知识，增强语言的流利性。

（13）输出：应该鼓励督促学生就各类语言进行口头表达和书面表达。

（14）有意识的学习：语言课程应该在语音系统、拼写、词汇、语法和语篇方面集中强化学习。

（15）在任务上花时间：应该花尽可能多的时间运用并聚焦第二语言。

（16）处理的深度：学习者应该尽可能地深度处理要学习的项目。

（17）融合性动机：语言课程应该设计得让学生对语言、语言使用者、教师教语言的技能,以及他们成功学习语言的机会都有着积极的态度。

(18)学习风格:学生应该有机会以最适合他们学习风格的方式处理学习。

三、对于具体的课程监控和评价的原则

(19)持续的需求和环境分析:语言课程材料的选择、排序、呈现和评价应该基于对学习者、社会的需求、教学条件、时间以及现有资源的仔细考虑。

(20)反馈:学习者应该得到有效的反馈,使他们能够提高运用语言的能力。

第五章 大学英语教学方法
——文化教学法

第一节 实施文化教学的重要性

一、平衡教材结构

教材在教学中起着至关重要的作用。教学是以教材为媒介构成的教师、教材、学生三者之间相互作用的过程。在教学过程中,教材是一个重要因素,是承载并传递课程内容的载体,教与学都要通过教材来实施。教师通过教材将课程内容的概念、法则等以有形的方式表现出来,导入教学过程。学生则将教材作为直接的学习对象,通过教材理解课程内容并达成课程目标。教材往往具有较高的教育价值与文化价值。在教学中,它既是学生的学习对象,同时又影响着学生对课程内容的理解和掌握程度。

由于中国英语教学以应试教学为主,目前的教材普遍注重大学英语四、六级考试词汇的覆盖率和复现率,就连练习题型的设计也参照大学英语四、六级考试。这必然会影响到文化词汇在教材中的覆盖率。而且,目前练习的设计往往围绕语言知识进行,对文化知识、文化能力的训练几乎没有。因此,我们亟须开发文化英语教材,使英语教学从以语言知识为中心转向以文化为中心,将中西文化内容比重纳入教材评估体系。遗憾的是,目前通用的大学英语教材并不能满足中国大学生跨文化交际的全部需求，对他们的跨文化交际能力的培养作用不大。而且，一些涉及文化的英语教材，还存在着文化失调现象。大学英语教材均属目的语文化教材，基本上单一地呈现当代英美文化，即使在文化背景介绍中也只单纯介绍英美文化背景，而未能将之与相关中国文化进行比较。英语教材所承载的课程内容不应仅仅是语言知识本身，还应包括更多的文化信息，而这些文化信息不能单单来自以英语为母语的国家，还要包括学习者的本土文化，体现全球化语境下英语教材文化内容的多元化。

二、有利于培养学生的跨文化意识

在日益重视学生语言交际能力培养的今天，"目的语文化"也日益得到重视。因此，提高学生的跨文化意识，培养学生对英语的一般文化差异的敏感性和适应性，进而使其发展成为一种文化能力，已逐渐成为英语教学中的一个重要课题。英语学习本身就是一种跨文化过程，学生在接受和理解英语的同时，也在接受和理解英语国家的文化。但以往的英语教学均忽视了语言使用与文化因素的相互作用，培养出来的学生大都语法、词汇掌握得较好，却缺乏在恰当的场合使用恰当的语言的能力。在应用英语的时候，学生有可能发生语言失误和文化失误，前者可以被谅解，而后者往往造成误解，甚至导致隔阂。这种由误解导致的文化冲突必须在教学中引起师生的注意。学生要提高自己的敏感性和预防意识，这样才能有效提高跨文化意识，顺利实现跨文化交际。在学习英语的过程中加入文化教学有助于人们从不同的角度来观察和认识世界。在英语教学过程中，教师要有意识地向学生传授所学语言国家的文化知识，有意识地培养学生对两种文化差异的敏感性，使学生逐步具备文化比较能力，以便能够得体地进行语言交际，进而提高他们的文化素养。当然，跨文化意识的培养，并不意味着单向接受和认同，而是双向互补的融合。学习英语不可以带着崇拜和自我否定的态度,而是要着眼于文化对比,通过客观对比中西文化,建立正确的文化观和语言观,正确看待中西文化差异。教师在掌握英语和汉语的同时,必须不断学习,提高自身的文化修养,才能适应跨文化交际教学的要求。

三、有利于人才的全面培养

随着社会的进步和教学改革的不断推进,培养学生的综合素质成为 21 世纪英语教学的必然趋势。英语作为全球应用最为广泛的语言,显示出重要的桥梁和纽带作用,积极参与国际的合作与竞争成为加快中国经济和社会发展的必由之路。但是大学毕业生的英语实际运用能力还比较薄弱,说英语的国家很多,同时每个国家的文化又不同,大学生如果在没有接受文化教学的前提下进行英语交流,可能就会产生文化误解。因此,大学生不仅要学习目的语文化知识,还要学习跨文化交际技巧。

从某种意义上来说,学习一种新的语言,就是掌握一种新的交际技能,了解一种新的民族文化。通过对中西方文化的对比和分析,学生能够客观、全面地认识英语文化,同时用新的眼光和角度来审视和认识本国文化,进而在国际交往中做到知己知彼。只有这样,学生才能具备较强的国际理解力和竞争力,才能在经济建设中起到桥梁沟通作用,积极有效地推进国际交流与合作。

文化教学不应该只是单纯地介绍外国文化,还应注意中西文化之间的平衡。教师既要介绍西方文化中的优秀人类文化,也不能忽视中国文化的精髓,而且应该使学生通过对国外文化的学习,对自己的文化产生更深刻的认识。只有这样,学生将来才能在适应国外文化环境的基础上,使中国优秀的文化传统在国外发扬光大,为世界文化的繁荣贡献自己的力量。

第二节 文化教学的内容与方法

凡是在两种不同文化环境中生活过的人,都会感觉到不同文化的人说话方式会有很大差别。这并不仅仅指他们所使用的语音、语法以及词汇等有所不同,更指他们在语码的使用方式上有很大的区别。不同文化的人们在交往时常常失误或达不到预期目的,往往是因为他们对文化背景、价值取向、社会规范方面存在的差异缺乏认识。为了避免或消除这种文化差异,在大学英语教学中,教师要实施文化教学。

文化教学的内容大致包括三个方面,即言语文化、非言语交际和交际文化。这既适用于研究不同语言的文化,也适用于对同一文化不同层面的研究。在教学过程中,教师要有针对性地将两种不同文化进行对比研究。这样做可以让学生的认识更加深刻,理解更加透彻。

一、言语文化

社会语言学家把言语当作社会行为,而且认为它集中反映交际双方的社会地位,集中反映出交际双方的"权势"或"平等"关系。"权势"和"平等"关系是各种不同文化中的一种普遍现象,每种文化都有其独特的方式来表示这两种不同的社会关系。有些社会可能侧重"权势"关系,有些社会则可能侧重"平等"关系,而有些社会可能兼而有之。当然,可以说中国社会中的言语在一定程度上是"权势"关系的标志,而美国社会中的言语在很大程度上是"平等"关系的标志。但这并不意味着中国人不用言语来表示"平等"关系,也并不意味着美国人不用言语来表示"权势"关系,这种比较只是相对的。据文化相对论的观点,文化差异是普遍存在的,而且某一特定文化的标准、态度、规范、信仰等只能在自己的文化中按其特定条件加以理解；也就是说，不能用不同文化的标准、态度、规范、信仰来描述某一种特定的文化。根据这一理论，普遍的文化信仰或文化价值观是不存在的。当然，这并不是绝对否定普遍性的社会语言规则或言语使用规则的存在，只是认为在跨文化交际研究中，应把社会语言规则的差异放在首位。

（一）与语音相关的文化内容

语音是语言的三大重要因素之一，因而是语言学习中的重要内容。即使是同一种语言，在不同的地区或国家也会有区别，其他人可以据此判断出说话人的文化特征。语音所体现的文化也是英语文化教学中的重要组成部分。例如，美国人讲话时习惯慢吞吞地拖出声音，或者多带明显的鼻音，而英国人则没有这一特点。英国英语与美国英语在读音上也有很多细微差别，以元音为例，美国英语中没有英国英语中的双元音/ia/、/ua/、/ea/，相对应的是在前面的元音后加/r/音，如 beard、hare 在美国分别读成/bird/、/her/。这种发/r/音的语音特征就成为美国英语的语言特点，暗示出说话人的美国文化特征。

说话人的语音不仅能显露其区域特征，而且还能够反映其社会地位特征。例如，英国的皇家贵族、上层人士，无论在什么地区都把讲 RP（received pronunciation，标准发音）当成自己社会身份的象征，因为这种发音在历史上有 King's English（国王英语）、Queen's English（女王英语）、Oxford English（牛津英语）之称，而普通大众则大都喜欢讲方言，如果一个普通百姓讲标准英语，则会被人笑话。中国学生有必要学习英美的语音文化，学会通过语音识别一个人的文化背景，从而有助于跨文化交流的顺利进行。

（二）与词汇相关的文化内容

在构成语言的各要素中，词汇与文化的关系最为密切。存在于不同文化环境中的语言的词汇都承载着丰富的文化内涵。研究这些词汇所蕴含的文化内涵对语言学习具有重要的意义。例如，英语中的 green 可以用来表达"嫉妒"的意思，而汉语则用"红眼""眼红"表达"嫉妒"的含义。对于这一类具有文化内涵的词语，教师应着重介绍或补充与之相关的文化背景知识，在必要时还可以将其与汉语文化进行比较，使学生不但知道它们的表层词义，更能了解其文化内涵，学会真正得体地使用这些词汇。在日常的英语教学中，教师要注意把这种文化碰撞渗透给学生，让学生能够从文化内涵的深度来进行理解。

（三）与语法相关的文化内容

语法能够揭示一种语言连字成词、组词成句、合句成篇的基本规律。文化背景不同，语言的表达方式各异。教师在文化教学中应该注重挖掘语法所承载的文化，引导学生通过语法学习，理解英美国家文化。

与汉语句子的连接手段不同，英语句子常用各种形式手段连接词语、分句或从句，注重显性接应，注重句子形式上的完整，因此英语句子结构紧凑严密。汉语造句很少甚至不用连接手段，注重逻辑事理顺序，注重隐性连贯，注重功能、意义，注重以神统形，结构简练明快。例如：

On campuses all across the United States, Americans who lectured and studied in China in the 1930s and 1940s today are invigorating our own intellectual life —— none of them with greater distinction than Professor John K Fair bank, who honors us by joining my traveling party.

这个例句的英文虽然看起来很长，内含两个定语从句，但它实际上仍然是个简单句，主语是 Americans，谓语是 are invigorating。全句的特点是名词多、介词多、代词多（包括关系代词），围绕着主干结构进行层层搭架。

二、非言语交际

非言语交际既包括手势、表情等，还包括不同文化对时间、空间、色彩的不同看法以及在听觉、嗅觉、视觉、触觉等感官方面的不同感知特点。与非言语交际有关的文化也是英语文化教学应该涉及的内容之一。一种文化的传播不仅靠言语行为，有时非言语行为也是传递文化信息、表达思想感情的常用手段。非言语行为包括言语行为之外的一切由交际者和交际环境所产生的刺激，这些刺激对于交际参与者都具有潜在的信息价值或意义，一旦这些刺激被对方感知就产生了交际意义。非言语行为包括说话时的语调、语气、语速、音量、身姿、手势、表情、服饰、体距（交谈时的身体距离）等。这些非言语行为都可用来作为交流信息、传递思想、表达感情的手段，在交际过程中扮演了十分重要的角色，有效地辅助了言语行为的实施，有时甚至具有"此时无声胜有声"的效果。非言语行为具有鲜明的文化特征，不同国家、民族对非言语行为的社会规范区别很大，甚至表达的意义正好相反。非言语行为在跨文化交际中的作用特别显著，对对方的文化习俗不熟悉或不了解，在编码、译码过程中处理不好，就会导致交际障碍，甚至引起国家和民族之间的冲突。非言语交际涉及文化、民俗、社会学、人类学等许多领域，适用范围广泛。非言语交际的构成要素主要有以下几种。

（一）体态行为

体态行为指人的身体各部位的行为动作，表现为说话时的身姿、手势、表情等。这些有意识或无意识的表现都可以交流信息、表情达意，而且往往起到言语所起不到的作用，因此有的学者认为"身体即信息"。体态行为的熟练掌握能帮助人们成功地进行跨文化交际。

一般来说，体态行为大多是无意识或下意识的。非言语行为最能表达真情，难以控制和掩饰。有研究表明，有时候人体语言会在很大程度上与文字表意（主要指口头表达）相矛盾。总的来说，非言语交际所涉及的体态行为内容可以总结为面部表情、手势和姿势三个方面。

1. 面部表情

在言语交际中，无声的体态行为和有声的言语行为相辅相成、相得益彰。人们谈话时不但动嘴，而且伴有面部表情和其他相应的姿势、动作。面部表情是人们传递感情和分析他人感情的主要渠道，这也正是影视作品中经常使用特写镜头来表达角色感情的原因。面部表情是交际过程中加强或削弱谈话内容的基础，也是对外传达内心感觉和感情的主要途径。正如《礼记》所云："说之，故言之；言之不足，故长言之；长言之不足，故嗟叹之；嗟叹之不足，故不知手之舞之，足之蹈之也。"有效的言语交际，不但要求说话者在说话时应伴有相应的身姿、手势、表情等体态行为，而且要求其能察言观色，不断地观测听话者的各种反应，通过对方的反馈信息来检验自己的话语效果，并确定下一步的言语策略和方式。古人早就注意到言语交际中信息反馈的重要性，比如《论语·季氏》中孔子说："侍于君子有三愆。言未及之而言，谓之躁；言及之而不言，谓之隐；未见颜色而言，谓之瞽。"意思是说，与人交际要避免三个弊病：没轮到你说就急不可待地说，这是急躁的表现；轮到你说了你不说，这是隐瞒自己的想法；不察言观色就随意说话，那就好比睁眼瞎。孔子强调的就是在交际中要善于捕捉对方的体态行为，作为控制自己说话的依据。

2. 手势

相同的手势在英汉两种语言中可能代表不同的含义。同样，在表达相同的含义时，中国和西方国家也可能使用不同的手势。这就体现出非言语交际符号与其代表含义之间的任意性。

3. 姿势

姿势是人们用肢体来传递信息的主要方式之一。人们通常可以透过不同的姿势得到不同的潜在信息。例如，双肩低垂可以表示人正承受压力或是身负重担,双肩高耸有时可以表示一个人很自信或是正受人重视,双肩平放在美国人眼中是充满力量的表现。

从跨文化交际的实践来看,体态行为中最敏感的是身姿语、手势语和表情语。这些领域是言语行为学研究最多的,也是跨文化交际中特别要注意的。在教学的过程中,教师要有针对性地对中西体态语不同的地方加以强调,让学生能更深刻地进行理解。

(二)副语言

副语言又称"辅助语言",是指伴随话语发生或对话语有影响的有声现象,是一些超出语言特征的附加现象,如说话时的音高、语调、音质等都属于此范畴。副语言在交际过程中往往具有一定的含义。副语言行为属于有声的非言语行为。语言学家将这类现象分成三种情况:作为言语基础的声调、作为言语伴随的音质、浊音化现象。声调指声音的高低、声音的长短、声音的响度和力度,这种现象既包括语音系统的规约性,也包括一些人为的特征。音质指节奏、语速、发声共鸣等语音特征,比如尖叫、鼻音、孩子气的声音、有节奏的声音等,这种现象在一定程度上能传递感情。浊音化是指非表意自然声音,诸如笑声、哭声、清嗓子声、啜泣声、喷嚏声、呼噜声等。例如,将某个字音拉得很长表示强调或暗示,说话口气尖酸表示冷嘲热讽,整句话带鼻音可能表示对方生气了,压低嗓音表示谈话内容较为机密,说话结巴则暗示对方在说谎或紧张,等等。此外,诸如喊、叫、哭、笑、叹气、咳嗽、沉默等也可以看作副语言现象。

副语言在不同文化中的含义可能有所不同。例如,沉默是一种典型的副语言现象,同时也是非言语交际的方式。在英美国家,沉默往往被看作不礼貌的行为,有时甚至会引人反感,因为在他们看来沉默表示冷漠、反对或是藐视,一般带有消极的含义。而在中国,沉默却被赋予了积极的含义,它可以表示顺从、赞成、默许、敬畏等意思。在某些高语境文化中,沉默甚至被视为一种美德。另外,副语言行为在表达情感时往往与面部表情和动作有密切联系。表示气愤的声音特征是响度大、音高、音质粗哑、发音短促、音调和节奏不规则；表示爱慕、温柔的声音特征为柔软、慢速、音低、声调均衡而略向上升、节奏有规则及发音含糊。最有趣的现象是在说话时若逐渐把声音放低，头随着也会低下来；反之，若逐渐把声音提高，那么头就会慢慢地抬起来。常识说明，一般情况下，运用表示气愤的声音是表达不出爱心来的，而用缓慢而柔和的声调也表达不出气愤。表情与声音是互相配合的，只要观察一下配音演员的工作，便可以体会到副语言同表情、动作的密切关系。由此可知，所有这些"副语言"都是伴随话语而发生，对话语有一定影响，或者有某种意义。从这个角度来说，学习副语言现象能更好地理解说话者的意图。

（三）环境语

环境语是指文化本身所造成的生理和心理环境，包括时间、空间、颜色、声音、信号和建筑等。这些环境因素都能为交际提供信息，所以环境语也能展示文化特性。

下面以时间为例进行说明。

不同文化中的人们看待时间的观点各不相同。美国学者莱温（R. Levine）曾经做过一项调查，他通过观察和计时总结出不同国家的生活节奏情况：不同的国家对于时间的掌控各不相同，同一国家内不同地区的情况也不相同。赫尔（E. Hall）教授指出人类时间观念有两种文化模式：时间的单一性和时间的多样性。相对来说，欧美国家属于单一性时间模式。欧美国家的人时间观念较强，非常强调时间的准确性，他们每一天、每一星期、每个月都做了精确的安排，他们厌恶浪费时间。因此，与欧美人打交道要注意守时，事先约定了时间就要遵守，早到没必要，迟到会惹麻烦，可能引起交际的障碍，甚至不欢而散。而亚洲和拉美地区一些国家属于多样性时间模式，人们对时间不太敏感，处理也有一定的随意性。在开会、约会、聚会等场合，有时并不刻意守时，大家也习以为常。中国的传统文化是典型的多元时间文化，认为时间是由点构成的，可以在一段时间内同时做多件事情，做事没有明确的时间表，往往比较随意，不看重阶段性结果，只要在最终期限内完成所有任务就可以；认为时间是无形的，强调"以人为本"，不是十分讲究做事效率。认识到中西方对时间的不同态度，教师就要指导学生在今后与英美人士交往的时候要注意，以避免一些误会的产生。

（四）近体距离

近体距离指的是人们在谈话交流中与他人保持的空间距离，以及人们对家、办公室、社会团体里的空间的组织方式。根据交流种类和性质的不同，近体距离可分为私密距离、个人距离、社会距离、公众距离四种类型。私密距离是指从接触点到人之间46厘米以内的距离。私密距离的范围很小，身体接触十分常见。在进行文化教学时，教师要告诉学生，在这样的近体距离下要注意，不能久久地盯着他人看，否则会带来不愉快的后果，异性之间尤其如此。个人距离的范围是46～120厘米。个人距离是人们之间保持的最为自然的距离。在这个距离内，人们同样可以进行日常的非语言交际行为，如握手或牵手等。在进行文化教学时，教师要告诉学生，这样的空间距离表明这是一般人际关系的间隔，是保护个人隐私的空间范围。社会距离的范围是120～360厘米。一般情况下，社会距离保持在离他人一臂之长的地方，一般私人事务就在近距社交空间中。比如你与客户谈生意，接见来访者，或与同事谈论公务。在单位里，上司通常也用这种间隔来与下属人员保持距离。公众距离的范围是360厘米以外，是以上所有距离中最为安全的一种。在这一距离内，人们通常不会发生谈论或是交流，因为这样的空间距离往往是程式化的。

在不同的文化中，近体距离的要求也不尽相同。例如，在英美国家，人们在并肩同行时，通常会保持三四英寸（1英寸=2.54厘米）的距离。在中国，异性同行时通常也会保持类似距离，但是同性之间则会更为亲近，近体距离也会更短。

教师在非言语交际文化的教学中应该注意以下几种情况。

有时不同的文化中表示相同含义的行为不同。中国人在初次见面时，往往会用鞠躬或是点头的方式表达友好；而许多西方人则习惯握手或是互贴面颊以示友好。有时同一行为在不同文化中所表示的含义不同。例如，在中国有人用食指在其太阳穴处旋转几下，这一动作通常被理解为"你要动动脑子，思考一下"；而在美国这个动作可能被理解为"你这个人简直疯了或太古怪了"。

有的动作是某一文化中特有的。例如，中国人受传统文化的影响，在行为举止方面有许多讲究，通俗一点来讲便是"坐有坐相，站有站相"。这在西方文化中是没有的，西方人的姿势较为随意，这在中国人看来是傲慢无礼、缺乏修养的表现。

三、交际文化

交际文化主要包括称谓、问候与告别、答谢、恭维与赞美、委婉语等几个方面。下面介绍其中的几个。

（一）称谓

在中国，人们习惯使用称呼语来表示"权势"关系，主要表现在"头衔"和"敬辞"的使用方面。尽管世界上许多文化中的人们都使用尊称、谦称或敬语，但中国社会中这方面的运用尤其突出和独特。不论口语和书面语，礼貌称谓必不可少，而且称谓中必须反映各自的社会身份。汉语中的称呼自成体系，"他称"和"对称"范畴表达形式最富于变化，而"自称"方式也种类繁多，别具一格。而在西方社会中，人们在称呼对方时常常是直呼其名，以此来表达说话人试图建立"平等"关系的愿望。英语中不分职务、职业和年龄的称谓语有 Sir、Madam、Lady、Mr、Mrs、Miss、Ms。以 Sir（先生、阁下）和 Madam

为例，Sir 和 Madam（夫人、女士、太太、小姐）是一组对应的敬称语，它们泛称社会上的男女人士，一般不与姓氏连用，它们表达的人际关系不亲密。Lady 是另一个用于女士的称谓语。

（二）问候与告别

问候语是交际双方见面时打招呼使用的程式化语言。各种文化有自身的一套问候语系统，主要功能是通过相互问候来联络感情，维系人际关系。中国人的问候一般很具体，英美人的问候不那么具体，他们不会问对方"吃了吗？""到哪里去？"等问题。他们一般只是简单地说"Hello.""Hi.""How are you doing?"等。对于这种问候，问的人不会太在意对方回答的内容，答的人也不用绞尽脑汁想怎么回答。教师要提醒学生注意各个民族之间问候习惯的不同，尽量在进行语言交际时避免产生误会。英语国家的人结束交谈或访问告辞时所提出的理由总是自己因故而不得不告别，终止交谈或访问不是出于本人的意愿，而是因为其他的安排不得已而为之，因此总要提出不得不离开的理由，并表示歉意，如"I'm afraid I have to go."。此外，英语国家的人道别时主要对双方的接触进行评价，以表达愉快相会的心情。例如：

It's really nice to see you again.

Thank you very much. I had a wonderful time with you.

I'm very happy to talk with you.

汉语的告别语显然比英语的告别语更为复杂，这主要是由社会文化的差异导致的。

比如东西方不同文化背景的客人在别人家做客，在丰盛的聚餐结束后，告别时所用的礼貌语方面存在着惊人区别，西方人会说：

Thank you so much for a wonderful evening.

而中国人会说：

实在抱歉，给您添了不少麻烦。

西方人使用感谢语来道别,而东方人则使用道歉语来道别。仅此一例就可见东西方礼貌语之间差异之大。

(三)答谢

答谢语是回应别人的致谢(包括称赞、恭维等)的程式化语言。各种文化有自身的一套答谢语系统,主要功能是通过答谢来表示礼貌,维系人际关系。比如英语中常用的答谢语有:"Not at all.""Don't mention it.""You are welcome.""It's my pleasure."。其实英国人和美国人在使用这些答谢语时也有差异,美国人常常使用"You are welcome.",而英国人常常使用其余几种。

比如汉语中常用的答谢语有:"不用谢""别客气""没什么""别这么说""这是我应该做的"。

汉语中的有些说法往往让英语国家的人很难堪。比如,中国人在答谢时经常会说:"这是我应该做的""这是我的职责"。将其直译成英语就是:

That's what I should do.

That's my duty.

从语用学的角度分析,这两个英译句子的语用意义就变成了"这不是我情愿做的,只是责任而已"。英语国家人听到这样的话语会感到十分尴尬,这与汉语要表达的语用意义简直是大相径庭。前面提到,在汉语中,职责范围内的事情不需要答谢,所以说话人说这句话是想表达"这是我的职责范围,不必客气",是表示对致谢人的客气。

另外,在汉语的答谢语中,当说话人受到别人称赞时,往往表达"谦虚"的语用意义,这是符合礼貌原则中的谦虚准则的。但是,正因为汉语中的这个"谦虚"往往与英语国家人恪守的合作原则中的"质"的准则产生冲突,导致了跨文化交际中答谢行为上的语用失误,造成误解。比如一位出国访问的中国学者在结束他的演说时谦虚地说:

I'm sorry that I've wasted your precious time.

对不起，我浪费大家的宝贵时间了。

报告结束时为了表示谦虚，都要用一些谦辞以表示"谦虚"的语用功能，这是汉语环境下的客套话，很自然、很正常。但是英语国家的人却不能接受这样的客套。从合作原则中"质"的准则方面考虑，他们会把这些客套话理解成：是不是说话人觉得听众对讲话一窍不通，所以浪费了听众的时间？说话人既然知道他们的时间宝贵，那为什么还要故意浪费？既然说话人知道是在浪费听众的宝贵时间，那为什么还要进行这个演讲？在这种场合，英语国家的人常会直接表达对听众的谢意，说声"Thank you."或类似的话语，如：

I hope you'll like my talk.

希望大家喜欢我的演讲。

第三节 文化教学法应用于大学英语教学的路径

在经济全球化和文化多元化深入发展的背景下，目前我国各学科的教学都逐渐朝着综合化、融合化的方向发展。因此，我们需要注重对多元文化视角下大学英语文化教学的深入分析与研究，这样才能为国家培养出与时俱进的应用型人才，提高学生的英语综合水平及逻辑判断和创新能力。就目前的大学英语教学现状来看，之所以难以取得理想的教学效果，和缺乏多元化文化教学有直接的关系。为此，深入分析与研究多元文化视角下大学英语文化教学的具体策略具有十分重要的现实意义。

要想确保学生彻底从以往的"唯工具论"的认知误区中走出来，教师就需要在培养学生应试能力的同时加强对文化输入和跨文化交际能力的培养，既要重视西方文化和本土文化的导入,还需要意识到文化的多元性及多元文化的差异与共存。

一、树立正确的教学理念

在大学英语文化教学过程中,教师扮演着教学引导者、组织者、参与者的角色,很多正确的理念和学习方法都需要教师进行有效的讲解与引导,所以教师只有树立正确的大学英语文化教学理念,才能够有效提升大学英语文化教学的质量及效率。首先,在实际的大学英语教学之中,教师需要将语言知识和文化教育完美结合起来。简单来说,就是在进行文化内容讲解的过程中,需引入文化教育,以此来循序渐进地提升学生的文化素养。其次,西方文化和母语文化的输入必须同步,这样才能将跨文化教学价值观的作用发挥得淋漓尽致。比如在进行"美国文化五大特征"的教学过程中,教师需将中国的文化特征教育引入其中,相信在两者完美结合及同步的教育背景下,学生能够更好地理解及记忆所学,取得更为显著的学习效果。最后,教师还需要端正大学英语文化教学态度,树立正确的跨文化教学价值观。

在实际的英语文化教学过程中,教师需要循序渐进地向学生渗透求同存异的包容学习心态,尊重中英语言间的文化差异。但需要注意一点,教师在让学生正确与深入理解英语语言中蕴含的积极文化的同时,也要确保学生不盲目崇拜英语语言中隐藏的落后文化。

二、制定明确的教学目标

大学教育不仅具有功利性特点，还具有人文性特点。在实际的大学英语教学过程中，教师需要在制定明确的文化教学目标的同时，加强对学生新文化意识的培养，进而使学生有选择性地进行文化学习，达成提升学生自身综合素养的目的。了解一门语言背后的文化，能够使学生在深入了解和体会语言学习方法的同时，培养良好的语言学习习惯，无论是对于学习质量还是对于学习效率而言，都是极为重要的，在新时期的大学英语教学中，我们必须以多元文化的视角为出发点，对其进行不断的创新与发展。在新时期的大学英语教学过程中，教师需要明确多元文化及文化差异在英语教学中的重要作用，并制定明确的大学英语文化教学目标。

首先，在大学英语教学中，教师需要加强对学生多元文化素养的培养，这样才能为市场和经济文化交流合作提供重要的人力资源。现代社会中的竞争，除了较为明显的地理疆域和环境竞争，还包括人力资源方面的竞争，这就凸显出了人才培养的重要性。在实际的大学英语教学过程中，教师在引导学生了解丰富的外来文化时，需要有意识地培养学生的全球意识与保持自身文化独立性的意识。在外来文化的不断影响下，教师要让学生坚定地坚持"取其精华，去其糟粕"的基本原则。

其次，教师需要将更多的时间与精力用到培养学生的跨文化交际能力上来，这样学生才能在复杂的文化背景下保持较强的辨别能力和认知能力，对英语文化和语言学习形成独属自己的理解和判断，利用语言技能和文化知识进行灵活的交流。

最后，各高校需要加强对学生实际英语学习情况的了解，立足于学生为其选择最佳的英语教材，制定合理的教学目标，并在教学中选择创新的教学方法，注重实践教学环节，更有针对性地培养学生的文化素养。相信在这种合理的教学目标的持续引导下，教师的教学活动会更有方向，自然能更有针对性地开展文化教学活动，更好地提高大学英语文化教学质量。

三、运用多元化的教学策略

要想将文化教学更好地引入大学英语教学中，就需要运用多元化的文化教学手段及方法，因为传统的人才培养模式已经难以满足现代社会对人才的需求，大学英语教学需要彻底从照本宣科的教学模式中走出来，发挥文化教学的多样性和创新性，使学生保持浓厚的英语学习兴趣。

首先，教师在正式进行教学之前，必须根据教与学的实情制订切实可行的教学计划，并根据实际教学内容选择合适的文化导入内容，选择有效的导入手段。比如：在实际的大学英语教学过程中，教师可以利用大学生感兴趣的视听导入形式来引入文化内容，如播放与教学内容相关的视频、歌曲等，让学生获得独特的视觉体验，提高学生的英语文化学习兴趣。再如：利用启发式的教学形式来让学生对多元文化进行更有效的认识与理解。

其次，在课堂教学过程中，教师需要尊重学生的学习主体性，采取体验式的教学方法，让学生在不断的实践和体验中培养自己的交际能力，提高英语文化教学质量。

最后，在教学活动即将结束之时，教师还需要引导学生对本民族的文化进行认识和了解，以文化对比的方式来理解文化的差异性，为跨文化交际能力的提升奠定扎实基础。

四、构建较为完善的教学评价体系

目前,较多大学英语教师在进行教学的过程中,采取的仍是结果式评价模式,此种评价模式未关注到学生的学习主体性,不利于学生英语学习兴趣的提升,自然对于教师教学热情的提升也没有太大帮助。在多元文化视角下,教师在进行大学英语文化教学的过程中不能再使用单一的评价方式,而是要采取多元化的评价方式,这样才能与大学英语文化教学的客观需求相一致,所以采取形成性评价和终结性评价相结合的评价方式,是势在必行的。

形成性评价关注全过程的参与和评价。简单来说,教师需要关注学生在日常学习过程中的表现、成绩、态度等。这样的综合评价有利于帮助教师及时发现学生学习中存在的问题,并引导其更好地解决问题。形成性评价的形式较为广泛,如教师的评价、学生的自评、学生间的互评、管理部门的评价等。在多视角的评价状态下,教师能有效评估和监督学生的实际学习情况,促使学生更好地学习。除了改变教学评价形式,教师还需要对评价内容进行有效调整。如合理增加中英文化知识的学习和考核比例,在评价中增加对多元文化知识的评价,以此来提高学生对多元文化的重视度,为大学英语文化教学的开展创造更为有利的条件,切实提高大学英语文化教学的质量及效率,为学生后续更好地立足社会奠定扎实的基础。

综上所述,在当今社会发展的背景下,开展大学英语文化教学已成为大学英语教学的必然趋势。在实际的大学英语文化教学中,教师需对大学英语文化教学的现状进行了解,然后从大学英语文化教学理念、教学目标、教学策略、教学评价四个方面着手,循序渐进地对学生进行中外文化的教学,以求全面提高英语教学质量,提高学生的英语素养和水平。

第六章　大学英语教学方法
——分级教学法

第一节　大学英语分级教学模式探索

一、分级教学的概念

所谓分级教学,就是指教师把学生分为几个不同层次并以此展开针对性教学的过程。分级教学分为隐性分级教学与显性分级教学。隐性分级教学对授课教师的要求比较高,需要教师在备课时便考虑到学生群体的差异性,继而对同一个班级不同水平的学生进行不同的教学与评价等。本研究范围内的分级教学指显性分级教学,即学校将原有的按专业院系所编排的行政班级打乱,将在某一学科处于相似水平的学生编排进同一班级进行学习,教师所面对的学生群体在知识水平、能力和潜力方面相差不大,可以根据每个层次学生的具体学习情况进行教学。

二、大学英语分级教学模式现状

现有的大学英语分级教学模式可分为四类。

（1）三分法模式。三分法模式就是按照学生的成绩由高到低分成三个级别进行教学的模式，这是目前多数高校所采用的分级模式。

（2）两分法之培优法模式。两分法之培优法模式就是将基础好的学生分出来组成"提高班"，其他学生按自然班进行教学的分级模式。

（3）两分法之帮困法模式。两分法之帮困法模式就是将基础差的学生分出来，另行组成"帮困班"，其他学生仍按自然班进行教学的分级模式。

（4）"分级+模块"模式。"分级+模块"模式就是按学生总的成绩分成两个或三个级别，然后在每个级别内，学生可根据自己的喜好选择听、说、读、写不同模块来学习的模式。这种教学模式由于较为复杂，目前很少有高校采用。

纵观上述四种分级模式，不难发现，所有模式的分级标准均是学生的英语成绩总分（第四种分级方法虽然考虑到了学生的技能学习需求有差异，但依据仍是总分）。

目前国内相关研究均涉及上述四种分级模式，但都没有探讨其分级方法的科学性和合理性，这给教师留下了很大的思考和建设空间。在新的教育理念和教学要求的指导下，探索高效、科学、合理的分级教学模式是大学英语教学的必由之路。

我国大学英语课程教学要求明确指出，大学英语教学应贯彻分类指导、因材施教的原则，适应学生个性化的发展。根据这一要求，各高校正在积极开展大学英语分级教学。分级教学使得教师能够根据学生的实际水平制订相应的教学计划、教学目标及教学手段，最终提高学生的综合应用能力。本节对大学英语分级教学现状进行了分析，指出其中存在的问题并提出改进措施，旨在更好地实施大学英语分级教学，提高大学英语教学效果，提高学生的实际应用能力。大学英语分级教学模式的理论基础是"i+1"理论。该理论认为，人类掌握一门语言的基础是理解所习得的语言，用公式表达就是"i+1"。其中，i 表示语言习得者当前的水平，1 表示语言习得者在现有的语言知识基础上增加的语言知识。如果输入的语言知识大大超过习得者的现有水平，即"i+2"，基础弱的学生就不容易理解所输入的知识，从而失去学习兴趣；如果输入的语言知识接近或者低于学习者的现有水平，即"i+0"，基础好的学生就会觉得习得的知识太简单，对学习感到厌烦。

而对学生实施分级教学，就可以使同一水平的学生在同一班级上课，使其输入的语言知识尽可能等于1，这样学生会对学习产生浓厚的兴趣，可以充分发挥其主动性和创造性。教师也能够做到因材施教，有的放矢，最终提高大学英语教学效果。

三、分级教学理论依据及国内外研究现状分析

课堂环境的理论基础是勒温（K. Lewin）的社会行为公式：B=f（PE）。公式中的 B 代表人类的行为，f 代表函数关系，即人的行为是随着环境（E）和人（P）两个因素的变化而变化的。课堂环境研究至少涉及十多个领域，如对各应变量的研究（如师生、性别、学生成绩），使用课堂环境量表促进课堂环境的改变，推进教育创新和改革的有效性研究，等等。

同时，国外学者对课堂环境的研究结果表明，课堂参与者对课堂环境的反应及感知对个人和集体行为有着重要的影响。当学生处于积极的课堂学习环境时，学习成绩会得到极大的提高。而且学生也更喜欢比他们现有的课堂更积极的环境。弗雷泽（B. J. Fraser）总结了多项课堂环境研究的结果，并使用了不同的课堂环境量表，研究结果均表明，课堂环境的感知与学生的认知和情感之

间有着密切的联系。

课堂环境的质量会极大地影响学生的学习成绩,但目前对课堂环境有影响力的研究主要集中在自然学科的领域,即使有人文学科的课堂环境研究,也仅限于对中文课堂环境的有效性研究。

四、教学建议

(一)注意选材的难易度

在分级教学中,英语水平不同的学生对课堂认知环境有差异。英语水平较高班级的学生对英语课堂环境持积极的态度,而英语水平较低班级的学生对英语课堂环境则持消极的态度。在具体的教学中,教师应首先注意选材的难易度。对于英语水平较高班级的学生,教师可选择难度较高的题材进行教学;而对于英语水平较低班级的学生,选材应适当降低难度,以消除学生的心理障碍,从而增强学生对课堂环境的认同感。

(二)增加对学生的关注度

在课堂教学中,教师应尽可能地帮助和支持学生,尤其是英语水平较低班级的学生,帮助他们克服消极情绪,经常鼓励和表扬他们,使他们积极地参加课堂活动。教师对学生的帮助和悉心指导,会极大地增加学生学习的动力和信心,从而提高他们的英语学习效果。

(三)语言任务的制定应考虑学生个体差异

在分级教学中,为了提高学生的个体支持度,教师在具体教学中制定语言任务时,应考虑学生的个体差异,针对每位学生的特点制定不同的课堂任务,认真观察学生的课堂表现,尽可能地满足学生的学习需求,让学生能够积极地参与课堂活动。

（四）课堂任务的制定应考虑学科和性别因素

在英语学习中，文史类和理工类学生在完成不同的课堂任务时的表现还是有一定的差异的，所以教师在布置课堂活动时应注意不同学科的特点。同时，教师在设计课堂任务时也应考虑到学生的性别因素，因为男女生对课堂环境的感知有着明显的差异。

第二节　大学英语分级教学自主学习平台建设

现行《大学英语课程教学要求》指出大学英语教学改革的目的之一就是要促进学生自主学习能力的发展，强调了培养大学生英语自主学习能力的必要性和重要性。

21世纪，计算机、网络技术的迅猛发展改变了高校的教学环境和条件，根据《大学英语课程教学要求》的精神，结合高校日臻完善的现代化教学环境，笔者提出构建大学英语分级教学的自主学习"线上＋线下"新型授课模式，旨在探索结合现代网络技术的大学英语教学新路径。

一、自主学习的概念

大学英语分级教学从强调人的个性、成就与潜能的人本主义心理学观点出发,遵循教育教学规律和语言学习规律,以学生的英语基础水平为依据,按照"分类指导、因材施教"的原则,以适应个性化教学的实际需要为出发点,力求使学生的学习潜力得到充分发挥。自主学习以学生作为学习的主体,学生通过独立地分析、探索、实践、质疑、创造等方法来完成学习目标。1981年霍莱克(H. Holec)将此概念引入英语教学领域,国内外语界对英语自主学习的研究始于20世纪80年代中后期,培养自主学习能力是社会发展的需要,自主学习能力已成为21世纪人类生存的基本能力。本研究中的自主学习指的是一种教学模式。更具体地说,自主学习"线上+线下"新型授课模式是指在线上以"Unipus高校外语教学平台"和"Ulearning交互英语"教学云平台为依托,在线下以小班课堂教学、小组合作学习的分级教学模式为特色,使二者有机结合,而且以线下为主的大学英语自主教学模式。

二、应用转型期大学英语教学的现状及困境

目前,地方应用型本科院校大学英语教学依然是以课堂为中心,以教师为中心,以书本为中心,以考试为中心。45分钟的课堂,一周4~5课时的学习,平均每周一节的视听说课,基本上教师一言堂,大班授课,平均每班70人到90人,采用一套统一的教科书,这就是当前大学英语教学的现状。

通过问卷调查,笔者发现学生对大学英语读写、听说教学内容的不适应是普遍存在的。也有学者认为学生在大学英语学习中没有成就感,大学英语教学的内容与高中所教内容存在较多重复之处,相当一部分大学生课堂学习兴趣不高,课后又得花费大量时间自学英语,应付各种考试。

三、自主学习"线上＋线下"平台建设的先决条件

首先，在教学资源支撑及学习系统支持方面，学校应该有完善的校园网、现代化语音实验室和校园网语言学科平台。教师可引进"Ulearning 交互英语"教学云平台，增加作文评判系统、口语教学系统软件，引进考试、测试软件。平台上提供的立体化课程内容能够帮助院校构建可持续的交互式大学英语自主学习资源库。

其次，大学英语教学可采用分级教学模式，日常授课安排在多媒体教室，使用统一的新视野大学英语系列教材。教师在课堂上运用与教材配套的课件实施多媒体教学，通过师生、生生间面对面的交流互动完成教学。另外，大学生头脑灵活，对新事物的接受能力强。大学英语教师要积极参与培训，熟悉教学平台及软件的操作和使用，从而为"线上＋线下"教学奠定基础和条件。

四、自主学习"线上＋线下"平台建设的实施方案

（一）教

在线上，教师运用"Ulearning 交互英语"教学云平台和"Unipus 高校英语教学平台"提供的教学计划工具，通过开放、隐藏单元和设置时间来控制学生的学习进度，教师给予学生必要的提醒和帮助。平台还提供完全开放式的课程结构，教师可以提供教学材料，设定课程的时间，限制回答问题的尝试次数。

教师也可以自行重新组织课程的教学单元，根据所教学生的特点利用在线资源编辑工具补充其他辅助的资源并逐步完善，使其成为学生的线上交互式大学英语自主学习资源库。例如，逐步完善的大学英语四、六级听力，写作以及翻译题库和大学英语四、六级线上模拟测试题库。在线下，教师实施以小班课

堂教学、小组合作学习为特色的大学英语分级教学模式,让英语基础较好的 A 级班学生在一年半的时间完成基础阶段的学习,再通过后续拓展性课程授课强化提升,发展学生听、说、读、写、译的能力,拓宽文化视野,为学生的专业英语学习打下基础。而英语基础相对较薄弱的 B 级班学生通过学习与其实际水平相适应的课程,也能够在规定的时间内达到英语教学大纲的基本要求。在教学实践中,教师充分发挥小班课堂便于管理的优势,适时开展教师监控下的自主学习,着力培养学生个性化学习方法和自主学习英语的能力。

（二）学

在线上,每个学生拥有一个学习账号,可以使用笔记本、平板电脑和智能手机等随时随地登录平台进行英语学习,自主掌控学习节奏,有效地利用碎片化时间。这有利于高效地组织和开展大学英语自主学习活动,个性化地指导学生进行探究式学习和自主学习。英语教师可在线上安排学生完成作业、提交作业。

在线下,教师可以通过小班课堂教学、小组合作学习以及第二课堂等相互融合的方式开展实践教学。课堂教学有利于师生面对面交流互动,为学生提供了良好的集体学习环境和真实的学习氛围,提高了教学效率。

（三）管

在线上,基于网络的"Ulearning 交互英语"平台支持各应用院校设定自己的独立二级域名,管理自己的教师、学生、班级和教学过程数据,自动形成英语教学基本状态的数据库。院校可设定自己的成绩策略,管理本校的资源和安排相关考试。

"Ulearning 交互英语"教学云平台采用"云服务提供"的方式,院校不用任何硬件投入和维护投入即可拥有一套全面的学科教学平台系统。"本地存储＋云存储"的部署模式,能够保障院校资源的访问速度和安全性。在线下，学校可成立由学院教学分管院长和教务处、大学英语教学部和各院系组成的大学英语分级教学指导协调小组，负责具体方案制订和方案实施过程中的协调工作。

教务处负责大学英语分级教学的指导与宏观协调，以及大学英语分级教学的教务管理。大学英语教学部挖掘现有教师资源并进行优化整合，组成相应的教学团队，做到一课多人、一人多课，具体负责学校大学英语基础课程和拓展课程的日常教学工作。

大学英语分级教学实行动态式管理。在教学过程中，每学期结束时依据阶段性综合评定成绩进行微调，允许学生调换适合自己的教学层次。分级教学是一种激励先进、淘汰落后的良好机制，其目的是鼓励学生在因材施教的良好氛围中更好地学习，取得更好的教学效果。

（四）考

在线上，教师可利用"Ulearning 交互英语"教学云平台和"Unipus 高校英语教学平台"提供的试题库资源进行线上考试，能支持上万人同时在线考试，可有效节约院校学科测验的考试成本。"Ulearning 交互英语"平台已成功支持数十所院校开展基于网络的英语入学水平测试、期中测验、期末考试等，题型涵盖英语教学需要的听力、阅读、词汇、完形填空、写作、口语等全部类型。考试管理提供分批次、分班的考试安排，支持 AB 卷、打乱试题顺序等安全措施，能定时保存学生答题结果，能进行试卷批阅和成绩分析。

在线下，A 级班和 B 级班实行分级课程考试，考试结束后由任课教师依据学生平时表现（占 10%）、阶段（纸质）测试成绩和期中考试成绩（占 40%），加上期末测试成绩（占 50%）综合评定学生学期成绩。大学英语分级教学考核评价体系更加注重学生在课堂教学和实践教学活动中的参与程度，比如参加口语比赛、写作比赛、日常学习竞赛等环节。具体实施细节需要考察几个学校，取长补短，优化、细化各个环节，然后制定出完善的适合本学校的大学英语课程分级教学考核评价体系。

大学英语自主学习平台使线下与线上的学习有效结合,改变了传统的学习方式和教学流程,提高了学生线上平台操作及网络信息运用的能力和水平,有助于师生角色转变,使学生学有成效,形成良好的自主学习能力,对在校大学生综合素质的提升和毕业后未来的职业发展具有重大意义。

第三节　大学英语分级教学管理的优化路径

一、革新教学管理理念

教学管理理念的革新是高校教学管理创新的前提,大学英语分级教学是一种不同于传统统一化教学的新模式,不能生搬硬套传统的教学管理理念,教学管理者、一线教师应认识到只有革新教学管理理念,才能最大限度地发挥分级教学的优势。

首先,树立以人为本的教学管理理念。教育最终是为了使学生获取知识,以人为本就是要以学生为出发点和中心,在教学管理中充分调动学生的主观能动性,激发他们的学习兴趣和动力,真正从学生的角度出发开展管理工作,分级教学管理中以人为本理念的体现就是要遵循学生的学习发展规律,尊重学生的个体发展差异,充分考虑个体的实际情况,通过高效能的教学管理保证教学计划的落地实施。

其次,明确分级教学的培养目标。分级教学秉持因材施教的原则,对不同学生的要求和培养目标存在差异，这同样是分级教学的特点之一，因此在分级教学实施过程中，无论是教学管理者还是新老教师，必须重视和深刻理解教学的总目标和每一层级的培养分目标，才能更好地把握教学的进程，提高教学质量。

最后，重视分级教学过程管理效能。分级教学是动态的教学模式，学生学业水平的上升和下降所引起的班级间、层级间的流动为过程管理带来了一定的困难，而分级教学的流动性是其内涵的重要体现，完善的流动机制是分级教学持续发挥优势的先决条件。

二、加强对课程建设的统筹管理

（一）课程内容的设置

预先设置的课程内容是教学活动的主要依托，是实现教学目标的重要载体之一。

首先，课程内容必须针对学生的特点而定，需要具备较强的实用性，贴合学生的实际需求，因此课程内容的设置不能脱离实际，学校必须在充分调研的基础上，了解学生的具体需求和学习情况，并以此为依据结合预先设定的培养目标，请相关专家研讨决定课程内容的具体安排，增强课程设置的科学性与专业性。

其次，任何一门课程的学习都必须遵循循序渐进的原则，随着课程的推进其难度应当相应提升。英语的学习是积累和不断提高的过程，因此课程的难度梯度设置必须符合学生的发展规律。管理者和教师在实际教学过程中要不断总结经验并调整课程的难度，使之既能被学生接受又能起到激发学生学习动力的作用。

(二)课程目标的确立

研究发现,部分学生学习动力不足,造成动力不足的原因之一便是学生的课程学习目标模糊。针对此情况,教师应当给学生以正确的引导,可以在课堂教学时明确列出本班级总体的学习目标,帮助学生给自己的学习树立具体的目标,培养他们的目标意识。教师还要帮助学生将学习目标细化,将抽象的目标具体化,同时使学生明确目标达成与否的评判标准。

(三)课程学分的分配

针对学分设置不公平的现象,分级教学管理者应当予以重视,分级教学中各个层级的课程难度不统一,学分分配也应相应做出调整,学校可邀请专家对各层级的考核难度进行评定,制定更为合理的学分分配制度,促进评价的公平性,发挥学分制度对学生学习的激励作用。

(四)课程教材的选用

分级教学管理者应充分听取各方意见,在了解学生实际需求的前提下选取对学生实用性较高的教材,同时注意教材内容的时效性。在网络媒体发达的今天,学生能够从各种渠道获取知识,这些渠道提供的信息具有较强的时效性并且内容更加丰富多样,但是常常以碎片化信息的形式出现,不利于学生系统地进行知识的吸收。管理者在选用教材时应该避免使用老旧教材,应从学生的学习需求出发,筛选出能够帮助教师系统地向学生传授知识的教学材料。

三、加大教师培训力度

教师是教学过程的主导者,是教学计划的主要执行者,新教学模式的顺利推行需要加大对教师的培训力度。

首先,要加强师德建设。关爱学生、尊重学生是师德建设的重要组成部分。在分级教学制度下,学校为了满足不同学生的个性化学习需求,减轻由于学生水平差异带来的教学压力,依据学生对知识的掌握情况和学业成就水平将学生分别编入不同等级的班级当中。虽然分级的标准是学生的学业成绩,但教师在面对不同班级的学生时应做到同等对待。分级教学制度下不同班级的学生存在不同的学习需求,教师应该发挥所长,做好本职工作,帮助学生提高成绩。从分级教学管理者的角度来说,他们应当在课程实施之前对教师进行师德意识的培训,可通过开展研讨会等形式,促进教师树立正确的教学观。从教师自身的角度出发,他们应充分理解分级教学的内涵,分班并不是将学生分级,而是将他们不同的学习需求分级,切不可将个人的主观判断代入教学中,影响学生的学习积极性。

其次,要提升教师的专业素养。在分级教学制度下,教师的专业素养应该体现在课程实施的每个环节。第一,分级教学改变了以往"一刀切"的教学观念,学生的学习需求更加具体与细化,这就要求教师必须准确把握授课对象的学习情况,并据此调整自己的教学方案。第二,由于班级内部学生的水平差异缩小,对课程进度安排的压力相应减小,但与此同时教师对学生学习的掌控能力需要提高,对教师专业素养的要求也有所提高。从分级教学管理者的角度出发,为了更好地推进新的教学制度,他们必须从各方面对任课教师进行培训,加深他们对于分级教学制度的理解,同时应召集教研人员、一线教师制定各级别的具体课程进度安排,为总体的课程发展把握方向。对于一线教师而言,总体的课程安排并不一定适用于实际教学活动的全部环节,因此在课程实施过程中，教师要根据每一阶段的课时安排，兼顾实际上课情况，及时调整自己的课程进度，保证课程实施符合学生的发展情况。

针对教师的培训可采取以下几种方式：第一，专题讲座形式。邀请有经验的分级教学教师、专家开展专题讲座，分享有关分级教学管理的理论和实践经验。第二，短期培训进修模式。组织分级教学教师、管理者参与相关进修班，系统学习分级教学的理论体系，为实践工作提供启发。第三，校际交流学习模式。组织分级教学教师、管理者与其他学校的教职员工进行交流、学习，通过实地考察与研究进一步丰富其分级教学管理知识。

四、规范学生管理制度

大学生虽然具备一定的自我管理能力，但为了保证教学质量的提升，仅靠学生的自我管理远远不够，教学管理者必须依照学生管理制度对学生及其学习进行合理控制。

（一）适当增强分级教学班级间的流动性

分级教学的特点在于分班，如何实行好这一制度，关键在于分班的具体操作。分级教学的有效实施必须配合班级间学生的流动来进行。但较大的学生流动比例会带来其他方面的学生管理问题，因此分级教学管理者要具有较高的管理水平，对学生的总体情况进行调研，综合考虑学生的学习成绩、自主意愿等因素，为每一级别班级的学生向上、向下流动设置合理的比例，发挥分级教学的巨大优势。

（二）加强对学生自主学习的管理

相较于中小学阶段，大学生具备更强的自主学习能力，高校同样普遍强调培养学生的自主学习意识。笔者发现学生在大学英语方面的自主学习意识并不强，学校没有足够有效的途径对学生的自主学习进行控制。针对以上两点，笔者提出如下建议：第一，教师帮助学生树立自主学习意识，可通过布置需要自主学习才能够完成的作业，督促学生进行课后的学习，同时使学生养成自主学习的习惯。第二，学校提供更多自主学习的渠道和平台。目前专为学校提供的线上自主学习平台种类丰富、功能齐全，在条件允许的情况下，管理者可以考虑投入使用这些平台，加强对学生自主学习的管理。

（三）加强对学生的纪律管理

纪律意识是需要培养的，大学阶段对学生的约束较之中学少了许多，一些学生松懈下来便忽视了纪律意识的培养。逃课、旷课现象在大学生中已成为常事，不少教师通过点名的方式对学生进行管束，这种方法的确取得了一定的效果，但是对于人数众多的公共课而言，每节课进行点名并不可取，学生应对教师点名的方法也层出不穷。在实施分级教学的班级中，学生可能来自不同的专业、不同的年级，这导致学生的集体意识降低，纪律意识随之下降。从直接对学生进行纪律管理的教师层面来说，他们可以借助某些线上高校课堂考勤管理工具，便捷地掌握学生的考勤情况；另外可以采取课上布置、收取作业的方式，既能了解学生的出勤情况，又能对学生进行课堂检测。从管理者的角度出发，他们需制定更为完善的学生纪律管理制度，实行有效的奖惩机制，对学生的行为进行合理约束。

五、完善评价体系

客观、有效的评价体系能够准确评价学生的学习情况，在为教学管理者提供参考的同时能够对学生起到激励作用。

（一）合理设置考试难度

考试既能反映学生的学习情况，其结果又能对学生的学习起到反向激励的作用。在提倡过程性评价的今天，我们依然不能忽视考试这种终结性评价的作用。在分级考试制度下，原先一张试卷的情况不复存在，每一级别的学生都将在为本层级设计的试卷上作答，终结性评价的个性化较之前更强。但同时，试题设计者要综合考虑各方面因素，合理设置考试难度，充分发挥考试的区分功能，为学生的流动提供准确参照。

（二）提高成绩评价的合理性

目前许多高校对学生的评价均采取过程性评价与终结性评价相结合的方式，这种方式普遍受到教师和学生的青睐。但研究中发现，过程性评价出现流于形式的情况，评价指标本身具有科学性并且具体化，但在执行过程中教师可能无法完全按照指标要求进行评价。针对此情况，分级教学管理者需要向教师着重强调过程性评价的功能性和重要性，在分级教学中，学生学业成绩的上下浮动意味着其可能流动到其他班级，严格按照评价指标对学生进行评价，从某种程度上更能保证评价的科学性。对于教师而言，过程性评价应贯穿教学的始末，渗透教学的各方面，同时教师要注意不能根据自己的主观想法对学生进行评价，必须深入理解过程性评价各指标的内在含义，对学生进行客观、全面的评价。

第七章　大学英语教学方法
——翻转课堂法

第一节　翻转课堂的基础认知

一、翻转课堂产生的背景

（一）不断变革的教育现实

在工业革命之前，学徒制一直是最主要的教育形式。学徒制强调的是现场教学、个别化教学和代际间口传手授，教学发生在真实的工作场所中，徒弟在师父的指导下学习和实践。学徒制培养出了具有高超技术水平的技艺人员。

工业革命的兴起使得工厂的规模扩大，这就急需大量具有一定知识和技能的劳动力。近代资本主义的兴起要求广泛普及教育，扩大教育规模，提高教学质量和效率，迫切要求在短时间内培养出大批受过良好教育的劳动者。然而，传统的学徒制难以满足这一需求，班级授课制这一新型教学组织形式也就应运而生了。班级授课制是以班级为单位，由教师按照固定的课时表安排，向固定的学生教授统一内容的一种教学组织形式。捷克著名教育家夸美纽斯（J. A. Comenius）在其著作《大教学论》中首次对班级授课制从理论上加以系统论证，使班级授课制确定下来。后来，德国教育家赫尔巴特（J. F. Herbart）进行了补充说明，使其进一步完善。

分析班级授课制的基本特点，可以从中看出为什么班级授课制顺应了工业革命之需，并且为什么时至今日依然发挥着非常重要的作用。

第一，班级授课制有利于学生在有限的时间里掌握大量系统化的知识。第二，教师可以进行"一对多"教学，大规模地向全体学生进行授课，提高了教学效率。第三，班级授课制按照"课"来确定统一的教学进度和学习要求，学生按照统一的步调执行即可，教学管理更为高效。班级授课制能够高效地培养大量的人才，这正好迎合了工业革命对大量劳动力的迫切需求。

随着计算机和网络信息技术的发展与广泛应用，当今社会已经步入了信息化时代。信息革命不仅仅要求人才具备一定的专业知识和技能，还提出了更高层次的发展要求，比如：熟练掌握信息技术，学会及时处理应急事件，拥有不同于他人的独特创想，能够自主学习新鲜事物，敢于探索求知，等等。然而，传统的班级授课制教学组织形式已经难以充分满足这一要求。信息革命带来的新型理念冲击着人们的思维，提出的新要求促使人们适时做出改变，终身学习和自主学习在当下备受关注。人人都应该接受终身教育，进行终身学习；人人都需要积极自主地、有选择性地进行学习，以适应时代的发展和满足自身的发展需要，从而更好地实现自我价值和获得幸福的生活。

第一次教育革命发生在从农业社会到工业社会的转型时期，在工业革命的助推之下，教学组织形式由学徒制过渡到班级授课制。第二次教育革命初见端倪，在信息革命浪潮的助推下，教学组织形式由班级授课制向终身学习、自主学习发展。

（二）求知创新的社会需求

快节奏的社会生活对每个个体提出了更高的时代要求：人们要快节奏地学习新鲜事物，分析理解新情境，做一个学习能力强的求知者，因为人生需要求知。不管是谁，都需要不断地发展和完善自己，以适应瞬息万变的社会发展，更好地面对未来的不确定性。人们需要紧跟时代的步伐，融入时代潮流，在新的时代背景下审视自己的生活、学习和工作。社会的飞速发展产生了新的教育需求：现代社会不仅需要具备知识和技能的专业人才，更需要具有独特的个性、较强的学习能力、较大的发展潜力和创新能力的高层次人才。

（三）学生学习的差异化需求

学生个体具有独特性，个体之间存在着差异。学生在学习过程中同样存在着显著的个体差异，具体表现在如下几个方面。

1.学生在认知方式上存在差异

认知方式又称为认知风格，它是指学生在组织和加工信息的过程中表现出来的个性差异，其实质就是个体在感知、记忆、思维、想象等认知过程中所偏爱的、习惯化了的态度和方式。譬如，有的学生喜欢在安静的环境下静静地看书，而有的学生喜欢在嘈杂喧闹的环境下做数学几何题；有的学生喜欢独自沉思，有的学生喜欢和他人交流、善于表达自我；有的学生擅长用抽象的逻辑思维解决问题，有的学生则擅长运用具体的形象思维看待事物……学生的认知方式千差万别。

2.学生的学习风格存在差异

"学习风格"这一概念是由塞伦（H. Thelen）首次提出的。学习风格是指学生在学习过程中比较喜欢采用的并习惯化了的学习方式，是个性化的学习策略和倾向的总和。学生的学习方式各有特点。例如，在英语学习中，有的学生喜欢安静地阅读，静心体会文章的内容想要表达的含义；有的学生则喜欢大声朗读，在朗诵中理解文章的寓意。学生的学习步调有快有慢，不能按照统一的教学设计组织学生学习同一知识点。学习能力较强、学习进度快的学生，会因为学习内容早已掌握，而感到教师的讲授枯燥无味；学习能力较差、学习进度慢的学生，则可能会认为教师讲得太快，觉得学习内容太难，逐渐跟不上教师的授课节奏，从而失去学习兴趣。学习风格没有好坏之分，也与智力无关。我们不能单纯地说"学得快"的学生就好，"学得慢"的学生就不好。学习风格的差异还表现为学生对知识点的掌握能力存在差异。在传统课堂（标准化课堂）上，有的学生没有足够的时间来吸收、内化知识。而知识内化是一个过程，需要一段时间。如果给予那些"学得慢"的学生充足的时间，很有可能那些"学得慢"的学生对知识点的理解比"学得快"的学生更深入和扎实，对知识点的记忆比"学得快"的学生更持久和牢固。传统课堂"一刀切"的教学模式忽略了学生学习风格的差异性。

3.学生的学习动机存在差异

学习动机包含学习兴趣、学习需要、情感、意志力等非智力影响因素，起到激发和维持学生学习行为的重要作用。学习动机并不直接影响学生的认知过程，而是间接增强学生的学习效果。例如，在学习意志力方面，有的学生可以一直表现出刻苦努力的学习意志力，但有的学生没有持之以恒的学习意志力，只能在一段时间内保持较好的学习状态。在教学过程中，教师应当关注每个学生的非智力影响因素，针对学生的学习动机差异，帮助每个学生制定属于他们自己的学习目标，做出合适的学习规划，设定不同层次的学习任务，实现真正的个性化指导与帮助。

世界上没有两片完全相同的树叶，同样，世界上也没有完全相同的两个学生。每个学生个体都有自己的认知方式、学习风格和学习动机，所有这些特质结合在一起就构成了学生的个性。在这个非常注重个性的时代，教师需要善于发现学生本来就存在的个性，并促使其得到最大限度的发展。

二、翻转课堂的概念

翻转课堂有很多名称，诸如颠倒教室、翻转教学、颠倒课堂、翻转学习等，其实意思都一样。到底什么是翻转课堂呢？这是从英语"Flipped Class Model"翻译过来的术语，一般称为"翻转课堂教学模式"。所谓翻转课堂，就是教师创建教学视频,学生在课外观看视频中教师的讲解进行学习,回到课堂上与教师、同学面对面交流和完成作业的一种教学形态。

在传统课堂教学模式中,教师在课堂上讲课,讲完后布置课后作业,让学生在课外练习。与传统课堂教学模式不同,在翻转课堂教学模式中,教师创建教学视频,学生在课外观看视频中教师的讲解,然后在课外完成知识的学习,课堂则变成了教师与学生之间、学生与学生之间互动的场所,课堂上教师主要通过组织答疑解惑、交流讨论、知识运用等活动帮助学生完成知识的习得,从而达到更好的教学效果。

三、翻转课堂的起源与发展

翻转课堂是相对于传统的课堂上讲授知识、课后完成作业的教学模式而言的。传统教学过程通常包括知识传授和知识内化两个阶段。知识传授是通过教师在课堂中的讲授来完成的,知识内化则需要学生在课后通过作业、操作或者实践来完成。而在翻转课堂教学模式中,这种形式受到了颠覆,知识传授通过信息技术的辅助在课前完成,知识内化则在课堂中经教师的帮助与同学的协助完成。

尽管兴起的时间不长,但翻转课堂也有着自身的发展历史。

(一)美国林地公园高中与翻转课堂

提到翻转课堂,不能不提美国科罗拉多州落基山的一个山区小镇学校林地公园高中。2007年,该校的两位教师乔纳森·伯尔曼(J. Bergmann)和亚伦·萨姆斯(A. Sams)录制应用PPT进行的课堂教学视频,然后将它们上传到网络上,供学生下载,以此帮助课堂缺席的学生补课。他们发现,学生对课程视频的理解和内化需要教师的指导和帮助,于是将课堂"翻转"过来,利用课堂时间为在完成作业或做实验的过程中有困难的学生提供帮助。不久，这些在线教学视频被更多的学生接受并广泛传播开来。该教学模式在美国基础教育界引起了极大反响。

"翻转课堂"的出现，改变了传统课堂的教学模式，在一定程度上弥补了传统课堂的不足，主要表现在以下几方面。

首先，学生主体地位得以凸显。课堂外学生主动查找资源进行学习，是知识的主动建构者。课堂上学生积极向教师及学习同伴提出疑问，是师生对话的发起者。

其次，由学生自己掌控学习进度。学生观看视频的节奏快慢全部由自己掌握，懂了的快进跳过，没懂的倒退反复观看，也可停下来仔细思考或做笔记。通过在线的及时诊断、教师的及时帮助，学生的学业基础可以得到最大限度的夯实。

最后，促进了师生的良性互动。课堂上学生活动、师生互动以及生生互动的时间增加了，教师和学生可以有充足的时间进行内化知识的课堂活动。

（二）可汗学院与翻转课堂

其实，"翻转课堂"的模式在 2000 年左右已经成型，但是当时并没有被迅速传播开来，主要障碍就是学生课下可以利用的"视频资源"较少。幸运的是，这一问题被孟加拉裔美国人萨尔曼·可汗（S. Khan）在一种偶然的情况下解决了。

可汗学院（Khan Academy）的创始人萨尔曼·可汗聪明过人，被比尔·盖茨（B. Gates）称为智商 160，他自小课业成绩优异，就读麻省理工学院后，获得了数学学士、计算机学士和计算机硕士学位，此后又获得了哈佛大学的工商管理硕士学位，毕业后他进入金融业，成为一名对冲基金分析师。

2004 年 8 月，萨尔曼·可汗为帮助其表妹解决学习数学过程中的困难，起初他利用雅虎通的涂鸦功能来图解数学概念，然后编写代码，出一些练习题，让她在网上练习，以检查学习效果。在可汗的帮助下，他的表妹数学成绩进步神速，表妹的弟弟也要求可汗做他们的家教辅导。随后，他们又带来了一些朋友，需要可汗帮助的孩子越来越多，根据这一实际需要，可汗开始将很多概念做成"模块"，并建立数据库，以便跟踪了解每一个孩子的学习进度。每段录像约 10 分钟，包含两部分：黑板上的草图和画外音；对一些概念进行讲解。2006 年 11 月 16 日，可汗发布了第一段视频，解释最小公倍数的基本概念。很快，其他学生，包括一些成年人，开始搜索和观看他的视频，并给他留言，感谢他拯救了自己的数学学业。2007 年，可汗建立了一个非营利的在线"可汗学院"，把他的讲课视频都放在了这个网站上。

2009 年，可汗干脆辞掉了对冲基金分析师的工作，全身心投入可汗学院的建设中。

2010 年，位于加利福尼亚州的洛思阿尔托斯学区的管理人员找到可汗，提议与可汗学院合作，在整个学区内选取两个五年级的班级和两个七年级的班级试验"翻转课堂"。其中，参加试验的山景中学七年级学生，在使用了可汗学院一个学年的服务后，在全州考试中进步明显，取得"先进"或者"精通"成绩的学生比例从 23% 跃升至 41%。

到 2012 年，可汗学院有 50 余名雇员和来自全球的一大批志愿者，他们创作的课程，在美国加利福尼亚州 25 所学校中得到应用。据可汗学院估计，全美大约有 2 000 所学校在非正式地使用可汗学院的课程，这实际上使可汗学院成为美国最大的混合教学实验点。可汗开发了自动化程度更高的问题软件，并对教学视频进行大规模翻译。他招募了几个助手，打算推进革命性的教育实验。可汗希望能改变人们学习的方式，不论他们念的是私立学校还是公立学校，是在俄亥俄州还是在巴西或俄罗斯、印度，抑或是在自家的厨房里。网站上写着如下承诺："让任何人，在任何地方，都得到世界一流的教育。"截至 2012 年 7 月，视频教程被点击数已超过 1.6 亿次，全球特定用户超过 500 万。

2012 年萨尔曼·可汗被美国《时代》周刊评选为年度 100 位最有影响力的

人物。比尔·盖茨在推荐信里写道:"就像很多伟大的革新者一样,萨尔曼·可汗原先并不打算改变世界,他只是试图帮助在美国另一头的中学生表妹辅导数学课。"如今,他俨然已成网络数学"教父"。

第二节 翻转课堂应用于大学英语教学的理论基础

一、翻转课堂的心理依据

(一)一对一效应,使学生感到教师在单独教自己

学生会感到其个性得到最大尊重,从而感觉更加平等。学生可以暂停、倒退、重复、快进,显得更加人性化、个性化,知识传递时学生按其自己的节奏进阶式学习,并能及时反馈学习效果;知识内化时有教师的辅导、互动和交流。不同的学生需要学习的时间不同,那些理解力强的学生可能看一遍教学视频就完全掌握了知识,避免了课堂上那种教师为照顾其他同学的感受而放慢教学速度的情况,可以节省更多的时间;而对于一些在课堂上跟不上进度的学生来说,他们可以反复学习,避免出现那种前一个问题还没理解,教师已经进行下一环节的教学的情况。学生可选择最适合自己的节奏来学习,可以改变那种在课堂上不被关注的感觉。

（二）学习时间可以更灵活，感觉更享受

学生可以足不出户，灵活掌握时间，学习更加省时、省力。学生可自由选择上课时间及地点，甚至可以在任何时间和任何地点来学习，比如可以一边走路锻炼身体，一边用手机插上耳机听讲，这样的学习让其感觉更加享受。

（三）教学内容能得到永久存档，可用于复习和补课

当学生感到对某些知识点模糊的时候，他们可以随时复习学过的知识。碎片化的知识点讲解，便于学生翻找，直达目标。

二、传统学习理论对翻转课堂的支撑

（一）元认知理论

元认知是美国心理学家弗拉维尔（J. H. Flavell）提出的，主要是指对个体的认知活动中知识、体验及行为进行调节和监控的过程，是人类的自我认知。对于学习者来说，元认知主要是指学习者对各自的学习活动所进行的自我意识、评价与调控。它是帮助学习者调节各自学习过程、养成自学习惯的理论，能够培养学习者的创新思维和自主学习能力，促进学习者自主学习效果的优化和完善。此处所谈的元认知理论，是指学生在管理自己的学习时所使用的各种策略。

在翻转课堂中，学习者在课前自定步调、自定学习时间和学习地点来完成基础知识的学习。如何有计划地完成自主学习，如何利用各种有利因素促进高效学习的发生，如何对自己的学习过程进行监控，如何对自己的学习过程及学习结果进行评价等，都属于学生元认知的范畴，并且翻转课堂中的知识内化部分也离不开学生元认知内驱力的推动和促进。可见，在翻转课堂中，元认知是

学生自我监控并巩固知识的过程，是对所掌握的内容进行评价并促使学习者能够在新的环境下运用新知识的过程。

（二）最近发展区理论

最近发展区理论是指个体独立分析、解决问题的实际水平与潜在水平之间所存在的差距。实际发展水平是指个体已具有的、较为成熟的、独立解决问题的能力；而潜在发展水平则是指个体在现有能力的基础上，借助一定外在条件的帮助便能完成任务的机能水平。最近发展区是指那些稍微超出现有水平的、有成熟潜在机能的区域，即个体能力发展得最近的一个区域。

在翻转课堂中，课前学习的基本概念和针对性练习的知识层次是在学生的实际发展水平之内的，学习者只需要通过正常的学习就可以完成知识的理解和掌握，而课堂学习活动中的问题有一定的难度，超出了学生的实际认识水平，学习者一般需要通过学习同伴的协作帮助、教师指导或在相关资料的支撑下才能顺利完成，这一部分内容属于学生的潜在发展水平。在学习基础知识的基础上，再通过学习活动内容进行强化和提升，有利于学习者对知识的理解、掌握和进一步深化。

（三）自主学习理论

自主学习是由学习者自己决定自己的学习行为及学习内容，自主权交给学生，由其自己确定学习路径、选择学习方式、监控学习过程、评价学习结果的过程，具有自立性、自为性和自律性三个特性。这充分说明了，学习归根结底是由学习者自己去完成的，学习者可以决定自己的学习过程、学习进度及采用的学习方法等，由自己控制自己的学习。

在翻转课堂中，无论是在课前知识传授环节，还是在课堂知识内化环节，课堂学习的自主权都在学生手上，学习时采取何种学习方法、使用何种学习策略、沿着何种学习路径都是由学生自己决定，学习任务主要由学生自己完成，让学生有充分的学习权利,并成为学习的主人。

(四)活动设计理论

活动设计理论始于 20 世纪 20 年代,源于德国古典哲学,是文化历史心理学的一部分,它认为活动和意识是动态联系的,需要采用二元论的方法对思维和活动进行分析和设计。活动设计理论容易组合出多种教学模式,做到尊重学生的个体差异,并且能在活动中培养学习者的性格。这种情感态度,可以作为课堂学习活动设计的框架和理论依据。

翻转课堂中的课堂学习活动,是学生知识内化的主要学习素材,学习活动的设计除遵循学生的心理认知和身体发展规律外,更主要的是以活动设计理论为指导,以便能够让学生在学习活动中完成知识的内化。

(五)掌握学习理论

掌握学习理论是翻转课堂教学法最基本的理论基础。掌握学习法由美国教育家布鲁姆(B. Bloom)最先提出。20 世纪 60 年代,布鲁姆向学生学习能力呈正态分布的观点发起挑战,他反对只有少部分学生才能取得好成绩的观点。布鲁姆认为,部分学生成绩不好的原因是教师没有给予学生最适合的辅导。在当前传统课堂中,教师只给予班中约 1/3 的学生良好的鼓励和关注,绝大多数学生学习成绩不好并不是由于智力低下造成的,而是因为在学习过程中,失误不断积累,并未能得到及时、合理的帮助造成的。例如,考 95 分的学生,还是有 5 分没掌握的知识。学的知识越多,学生的困惑就越多。大多数学生在学习上的差异,是学习速度上的差异。布鲁姆认为,只要提供足够的时间,学生的成绩将不是正态分布,绝大多数的学生都会掌握学习任务,会有良好的成绩,这就是布鲁姆的掌握学习理论。布鲁姆从关于与一对一个别教学方法等效的群体教学方法的研究中得出,掌握学习法在群体教学中也能使学生很好地掌握所学知识。

虽然布鲁姆设计出了较完美的学习模式图,但在实际运作中效果却不尽如人意,根源在于传统教学中的群体教学模式,以班级平均节奏开展,学生的补偿性矫正学习无法实现。而且,传统课堂更注重总结性评价,忽略了个别化的辅导矫正,导致学习效果大幅降低。

翻转课堂的出现,使掌握学习得以真正实现。信息技术的支持使得个性化辅导更易实现。在翻转课堂中,通过视频课程,学生能根据自身情况来自主安排和控制学习,观看视频的节奏全由自己掌握,掌握了的内容快进或跳过,没掌握的内容倒退并反复观看,也可停下来思考或做笔记。之后,课堂上的指导和互动更具针对性。另外,翻转课堂能为每一位学生提供频繁的反馈和个别化的矫正性帮助,通过形成性检测方式,揭示学生学习中存在的问题,通过矫正性辅导,达到掌握知识的目的。

第三节 翻转课堂应用于大学英语教学的路径

翻转课堂英语教学模式的精髓是让学生对自己的学习负责,充分发挥学生的主体性地位,让学生成为学习的主人。翻转课堂改变了传统课堂"满堂灌"的局面,变课堂为学生个性化的学习环境。其策略是:以学生创设个性化的学习环境为基础,以培养学生学习的主人翁意识和创新能力为核心,通过制作教学视频和利用一切有用的教学资源让学生在课前完成知识的掌握,在课堂中通过一系列的学习活动让学生在自主学习、独立探索、合作探究中实现知识的内化,探求知识的意义。具体来讲,翻转课堂教学模式的教学策略可以从三个方面来制定:学生学的策略、教师教的策略和教学相辅的策略。

一、翻转课堂教学中学生学的策略

学习策略是学习者在学习活动中，进行有效学习的规则、方法、技巧等。它既包括内隐的规则系统，也包括外显的程序与步骤。在翻转课堂教学模式中，学生在课前需要完成知识的掌握，课中则以独立探究、自主学习为基础，以合作学习为纽带，培养所有学生的独立性、创造性并促进学生综合素质的全面发展。

（一）学生课前观看教学视频的策略

在翻转课堂教学模式中，学生是通过教学视频来学习在传统课堂里通过教师直接讲授给学生的知识的。学生在课前需要完成知识的初步学习，一般是原理性或事实性知识的学习。

学生观看教学视频的过程是对自己的学习进行调控的过程。教学视频的时间一般在 7~10 分钟，习惯上称为"微视频"。要想在这短短的 10 分钟视频内完成理论知识的学习，首先需要学生有一定的自制力。学生要选择一个较为安静的环境，这样才能免受外界的打扰，全身心观看教学视频，然后针对自己的情况适时"倒带"。学生在观看视频时，会遇到不同的问题。有些基础弱的学生，为了能快速完成任务，抱着迅速看完的心态，这样是对自己的学习不负责的表现。学生应该立足自己的实际水平，在开始阶段就夯实自己的基础。学生看完视频后还要做笔记，记下自己不懂的地方或者自己感兴趣、想要进一步了解的问题。这是学生看教学视频时要做的重要的事情。这也是培养学生问题意识的重要一步。

（二）学生独立探究策略

美国《国家科学教育标准》把探究定义为多层次的活动，包括：观察；提出问题；通过浏览书籍和其他信息资源发现什么是已经知道的结论，制订调查研究计划；根据实验论证对已有的结论作出评价；用工具收集、分析、解释数据；提出解答、解释和预测；探究要求确定假设，进行批判性的符合逻辑的思考，并且考虑其他解释。独立探究策略既是一种学习策略，也是一种教学策略。独立探究策略具有主体性、独立性、实践性和开放性等特点，主体性为最重要的特征。

当今世界的发展需要学校培养具有独立研究能力的学习者。一个具有探究能力的人才具有创新能力，才能体现出人作为独立个体存在的价值。在翻转课堂教学模式下，学生主动参与学习过程，积极从事自己的学习活动。翻转课堂教学模式不再只注重教学效果，而更关注学生获得知识的过程。在这个过程中，教师的讲授逐渐让位于学生自主学习的过程，学生不能再依赖教师事无巨细的讲解，而应该培养自己学习的主动性。学生在独立探究的过程中会遇到很多的问题，教师的角色从讲授者变为引导者。学生学到知识，体验到学习带给自己的成就感，能激起其探究的乐趣。

（三）学生合作学习策略

合作学习于20世纪70年代兴起于美国，美国的教育实践取得了令人满意的结果，因此更多国家开始对合作学习进行探索。中国著名合作学习研究者认为：合作学习又称协作学习，是以现代社会心理学、教育社会学、认知心理学等为基础，以研究与利用课堂教学中的人际关系为基点，以目标设计为先导，以师生、生生、师师合作为基本动力，以小组活动为基本教学方式，以团体成绩为评价标准，以标准参照评价为基本手段，以大面积提高学生的学习成绩、改善班级内的社会心理气氛、使学生形成良好的心理品质和社会技能为根本目标，极富创意与实效的教学理论与策略体系。合作学习包括师生合作、生生合作、师师合作和全体合作四种形式。

在乔纳森的化学课堂上，当学生独立学习后，他一般会给学生一个课题，让学生分组，一般 3 到 4 人。学生明确分工，各司其职，共同完成实验的操作。在学生合作学习的过程中，他走下讲台，加入学生的学习活动中。当小组学习遇到难题的时候，他及时给予引导。他还通过与学生的交流，了解学生们探讨出的更有价值的问题。此时，他会把问题呈现给班上所有的学生，全体学生共同参与该问题的探讨学习。在翻转课堂教学模式下的合作学习是真正意义上的合作学习。在一种团结、合作的氛围中，不仅学生的学术能力得到提升，学生的人际交往能力也得到增强。教师逐步引导学生深化对知识的认识，学生逐渐完善自己建构的知识体系。

二、翻转课堂教学中教师教的策略

（一）教师制作教学视频的策略

在翻转课堂教学模式中，教师需要制作高质量的教学视频。可汗学院所制作的微视频一般不呈现教师，只展现一块白板和教师的一双手。乔纳森在如何制作高质量的教学视频方面一直不断探索。他提出教师可以制作自己的教学视频，也可以采用网络上优秀的教学视频。林地公园高中在制作教学视频中不断探索，总结出一系列经验，值得不断探索、研究与学习。

当说到录制教学视频的时候，很多人会认为这是一个大成本的工程。其实录制教学视频所需要的是：截屏程序、一台电脑、电子笔输入设备、麦克风、网络摄像头。教师在制作教学视频的过程中，可以使用截屏程序。教师完成教学视频后，可以根据实际情况把不需要的部分用截屏程序去掉，对教学视频进行修改。在录制过程中，教师可以使用屏幕录制软件进行录制，快速捕捉视频中的重要部分，也可使用网络摄像头这一方便而简便的录制工具。当教师需要在白板上作图以供学生理解时，教师可以使用数字笔做注释。这样学生可以清晰地知道教师讲授的重点，尤其是对于需要用图来解释的数学原理，学生更容易理解。

教师在制作教学视频时要注意以下几点：首先，要保持教学视频短小，这是根据学生注意力的特征而设定的时间。其次，使自己的声音有活力、生动，节奏流利。当教师以流利的语言讲授内容时，学生的注意力更容易被吸引。如果教师的语言和语调和电脑讲话一样，自然不能赢得学生的喜爱。最后，教师可以在制作教学视频时增加幽默的语言。

（二）教师教学生观看教学视频的策略

教学生如何观看教学视频是实施翻转课堂教学模式非常重要的第一步。一种教学模式要想收到理想的效果，做好第一步很关键。教学生观看教学视频就像教学生怎么样阅读和使用教材一样重要。

教师在实施翻转课堂教学模式前，需要告知学生如何观看教学视频。首先，教师要鼓励学生消除影响学生观看教学视频的东西。譬如学生在观看教学视频的过程中会同时把其他网页打开或者听音乐等。在实施翻转课堂教学模式之初，教师需要把学生集中在一起进行观看教学视频的训练，让学生知道在遇到不懂的地方时如何暂停和后退。教师需要让学生学会自己控制教学视频，并告知学生这样可以帮助他们充分发挥教学视频的价值。更重要的是，这样能使学生真正控制自己的学习。其次，教学生做笔记的技巧。做笔记的方法很多。乔纳森一直采用康奈尔式做笔记的方法。他会给学生一个样板，让学生根据这个样板做笔记。学生不仅可以记下重点，还可以从自己通过教学视频所学习的知识中找出问题和归纳总结知识点。最后，要求学生针对自己所观看的教学视频提出自己感兴趣的问题。这不仅可以了解学生是否观看了教学视频，更培养了学生的问题意识。当学生在谈论交流环节提出自己感兴趣的或者自己想要更深入了解的问题的时候，生生之间、师生之间共同探讨，交流的时间和机会就得到了拓展，而这是在传统课堂中很难实现的。

（三）教师课堂教学的策略

翻转课堂教学模式最重要的不在于教学视频的制作，而在于教师课堂教学活动的组织。翻转课堂与传统课堂最大的不同在于：通过不同的教学活动，学生在活动中完成真实的任务，完成知识的建构。在传统课堂中，教师的教学策略只关注把知识传授给学生，而不考虑学生的具体情况，把学生当成"容器"。而翻转课堂教学模式的实施靠教师组织不同的教学活动。

由于在传统课堂中知识的传授被放在课外，教师有更多的时间来设计课堂活动。教师可以针对自己本身所教授的科目、教学风格采用不同的课堂教学策略。譬如，对于外语的学习，教师可以根据本科目的特点设置更多的对话、阅读国外文学、写故事等活动，为学生提供更多的实践机会。教师不必在课堂上一味地讲解语法等知识，课堂真正被用来组织让学生有更多机会参与课堂的活动。教师除了要组织不同的教学活动，还要具备一定的课堂引导力。在上课伊始，教师可以采用提问策略检查学生观看教学视频的情况。所提的问题必须是教师基于这一节课的内容精心挑选的，教师在此环节要适时引导。同时，教师要营造一种宽松愉悦的氛围，鼓励学生说出自己的见解或者提出自己对教学视频的疑问。

翻转课堂是以学生为主体的课堂，教师成为真正的引导者，如何让学生顺着自己"导"的方向探索是一门必修的学问。因此，教师必须具备丰富的知识储备和一定的课堂管理能力，使课堂时间得到高效的利用，让学生在课堂中得到真正的发展。

三、翻转课堂教学中教学相辅的策略

时代的发展对学生的自主意识、合作意识和探究意识提出了更高的要求。学校需要对学生的自主性、合作性、探究性予以重视和培养。翻转课堂教学模式以学生的自主学习为基础，以合作交流为纽带，以探究性学习为学生发展的动力。翻转课堂教学模式关注学生主体意识的培养，学生的自主学习成为学习的关键。同时，翻转课堂教学模式的实施要靠教师、学生之间的合作交流和群体活动来实现。

翻转课堂教学模式强调学生的自主学习，让学生"掌控"自己的学习。无论是课前教学视频的观看还是课堂上参与活动等都需要学生具有较强的自主性。在观看课前教学视频时，学生根据自己的掌握情况可以选择暂停和后退。课堂活动需要学生独立地思考，遇到不懂的问题可以请教老师。因此，翻转课堂教学模式为学生提供了一种比较理想的个性化学习环境。但是翻转课堂教学模式以学生的自主性学习为基础并不意味着教师可以对学生放任自流，并不是要排除教师的指导。

虽然可以使用其他教师录制的优秀教学资源，但是教师要对自己学生的具体学习情况有清楚的了解，可以针对学生的情况决定录制的内容、讲解的详略等。并且学生更愿意观看自己的老师录制的教学视频。在课堂教学环节，教师对学生的引导和在学生遇到问题时给予的帮助和指导对于翻转课堂教学模式的实施都尤为重要。翻转课堂教学模式的关键就在于教师对教学活动的设计。在教学评价环节，教师需要了解学生的知识掌握情况，及时给予反馈，使学生明确自己的学习情况。

学生达到能够自己掌控学习的过程需要教师的引导，学生的合作学习和探究学习都离不开教师的引导。在学生进行小组合作学习活动时，教师要为学生创造一种让学生真切感受到他们是一个团体的氛围，使他们彼此相互依赖。同时在学生交流时，教师需要创造环境让学生彼此充分交流思想与观点。

在翻转课堂中，教师要在学生小组活动环节走入学生群体中，了解学生的学习需要，倾听学生的讨论。当学生在小组合作中遇到瓶颈时，教师要及时给予帮助和指导，让学生冲出思维的限制，达到更高的理解水平。

第八章 大学英语教学方法
——混合式教学法

第一节 混合式教学法概述

一、混合式教学法的概念

混合式教学法现在广泛用于学校和企业培训。美国教育部 2009 年发布的研究报告指出：与纯课堂面对面教学和远程网络学习相比，混合式教学法是最有效的方式。国内外对混合式教学法的定义很多。外国学者伏芬太（Volpentesta）认为，混合式教学法是一种范式，已经从传统的教室授课转变为各种灵活的教学方法，可以被推广。学习者可以自由分享知识与实践经验。

在混合式教学中，教师有必要发挥其在教学过程中的主导作用。混合的方式是多维度的，不是简单的线上和线下教学的相加，既包括网络课程与传统课堂教学的融合，又包括各种学习理论的混合，还包括教学资源、教学方法和教学环境的整合。混合式教学法不管是以面对面教学为主导，还是以网络课程为主导，其目的都是将两者的优势结合起来。

二、混合式教学法的理论基础

（一）建构主义学习理论

建构主义，也称为结构主义，最初由瑞士心理学家皮亚杰（J. Piaget）提出。建构主义认为，学习是基于原始知识和经验，在特定的社会和文化环境中，在其他人（包括教师和学习伙伴）的帮助下学习的学习者积极处理信息进而构建知识意义的过程。对于知识，建构主义认为其是对客观存在的一种解释，随着认知的不断提升而发生改变。对于学习，建构主义认为学生应该是中心，学习是教师帮助学生建立知识结构和积累经验的过程。

在建构主义指导下的混合式教学中，教师在课程环节设置、学习环境创设、课堂形式组织方面进行有针对性的设计，最大限度地提高学生学习的积极性和主动性。

（二）人本主义学习理论

人本主义学习理论建立在自然人性理论的基础之上。其重要的代表是马斯洛（A. H. Maslow）和罗杰斯，他们创立了"以学生为中心"的教学理念。学生是学习活动的主体，教师在认识中起作用，即帮助学生学习。人本主义学习理论认为，教学目标是追求知识、培养学生的学习能力、实现"有意义的学习"的过程。人本主义学习理论认为，教师要真诚地对待学生、尊重学生的意见、成为学生的朋友，开展个性化的教学活动。

（三）认知主义学习理论

认知主义学习理论认为，学习的本质是外在和内在心理相互作用的结果。它与行为主义学习理论的最大区别在于对内部条件对学习效果的影响的肯定。认知主义学习理论关注学生的内部条件，并认为学习过程是学生积极开展复杂信息处理活动的过程。认知主义学习理论的代表人物加涅（R. M. Gagne）提出了9个教学步骤：①激发注意力；②提出目标；③唤起前知识；④呈现内容；⑤提供引导；⑥让学生表现；⑦给予反馈；⑧评估表现；⑨加强知识应用。

第二节　大学英语混合式教学法的内涵

一、混合式教学法的特点

传统的高等院校课堂教学以教师为主导，教学内容、场所及时间存在一定的局限性。而混合式教学模式则在传统的教学模式的基础上有机地融入了以学生为导向的网络教学，二者相辅相成，实现了资源上的优势互补，更加全面地调动了学生的积极性，提高了学生的课堂参与度，发挥了学生的主观能动作用，实现新时代大学生创新应用能力培养的目标。高校混合式教学模式主要有以下三个特点。

（一）教学理论的混合

高等院校中混合式教学模式的构建受到多种教学理论的指导，这体现在以下两个方面。一方面，指导混合式教学的不同理论各有其优缺点，在教学中起到的具体作用也不尽相同，高校教师应了解并熟悉各种教学理论的真正内涵，从对"教"与"学"两个层面的指导作用出发，认真进行归类划分，然后在教学实践中，依照不同的教学时间、目标、阶段和风格，采用相应的教学理论来进行指导。这样既充分发挥了教师对教学的主导作用，又能激发学生的自主学习意识，发挥学生的主观能动作用。另一方面，各种教学理论的作用并不是互相对立的,而是互相关联、相互促进的,对教学的作用也必然存在交集部分。高等院校混合式教学体系的构建必须着眼于实际的教学,考虑高等院校学生身心发展的现实特点、不同课程的特点和教学大纲、师资队伍的混合教学能力和具体院校的教学环境等多种因素,这样才能使混合式教学模式在高等院校应用人才培养中的推进作用得到最大化的发挥。

(二)教学资源的混合

高等院校混合式教学模式中的教学资源丰富且多样,在实际教学中其混合形式体现在以下三个方面。

1.教学内容的混合

在新时期,社会对应用型、技能型人才的需求不断扩大,作为孕育时代人才摇篮的高等院校,整合型、多样化人才的培养必须得到重视。在高校混合式教学模式中,教师提供给学习者的知识不能仅仅局限在单一学科方面,更应注重构建资源发散、条理清晰的知识体系。

2.教学资源表现形式的混合

在混合式教学模式中,多样化混合型资源的表现形式应符合学习者认知的一般规律。在教学活动中,知识的呈现方式不仅仅局限于书本和黑板等固定化、静止化的形态,而应该随时随地满足学生的学习需求。而混合式教学模式则结合了传统和新型的知识呈现形式,能够最大限度地满足当前学习者的资源需求,实现个体的可持续发展。

3.教学资源混合的层级化

林志斌教授提出教学资源的混合程度可分为轻度、中度、高度三个级别。资源的轻度混合是指在不改变原有教学活动的原则下,加入些许额外的混合元素;资源的中度混合是指替换掉原有的教学方式而采用混合式教学的活动方式;资源的高度混合是指基于网络课程,构建混合式教学模式,从根本上进行教学活动的创新设计和规划。高等院校在混合式教学的实践中需注意集中教学资源的优化，避免重复、浪费及无系统性等问题。

（三）教学方法的混合

高等院校混合式教学模式以网络课程、网络教学平台或者有利于师生互动的其他载体为中介，将各种优势教育元素相结合（高校师资队伍、教学资源、网络课程平台等），有效衔接学生的线上与线下学习，减轻当前高等院校师生的教学重担，使教学效果得到最大限度的优化。

二、混合式教学法的基本原则

混合式教学模式应用于高等院校大学英语教学的过程中应遵循以下三个原则。

（一）双主体性原则

许多高等院校一直以来沿用传统的教学模式，教学活动的主导者是教师，作为教学主体的学生，未能受到充分重视，其主观能动作用也不能得以充分发挥。而近年来兴起的慕课、微课以及在线课程等网络课程学习模式则过于重视学生的主体地位，而忽略了教学活动中教师的主导作用，教学效果也不理想。基于网络课程的混合式教学着眼于师生共建的双主体作用，科学地融合了教师对教学活动的主导作用和学生对教学活动的主观能动作用，二者相互促进，共同成长。教师的主导作用贯穿整个教学环节，包括线上网络课程和线下面授课程的设计、组织等。在混合式教学模式下，学生再也不是知识的被动接受者，其主体地位得到了充分的肯定和尊重，这极大地激发了学生的学习热情。

（二）针对性原则

基于网络课程的混合式教学模式的构建必须遵循针对性原则，具体有下列三个层面：一是针对本校学生的现实状况设计课程。大学生思维活跃，对新鲜事物的接受能力较强，但意志不够坚定，易受外界环境影响。教师需要根据具体课程的特点，进行正确的引导。二是具有时代针对性。基于网络课程的混合式教学必须顺应时代发展，根据新时期的时代特征和学校的现实条件不断充实教学资源。课程设计方面也应注意与时俱进，符合现实社会发展的主题，激发学生的学习兴趣，引起学生的情感共鸣。三是针对不同层次的学习者进行个性化的层级式教学。不同的学生，由于其生长环境、教育背景及认知水平等的差异，传统教学过程中的"一刀切"的做法并不利于他们的学习。基于网络课程的混合式教学结合了网络课程知识的发散性和传统课堂的直观性，使得不同层级的学生的主观能动性都得以充分发挥。

（三）可持续发展性原则

基于网络课程的混合式教学模式在高等院校中的应用应遵循可持续发展的原则，即混合式教学模式应能够促进学生综合素质的可持续性发展。党的十九大以来，国家和社会对 21 世纪的人才培养提出了更高的要求，新时期的人才不仅要具有扎实的专业基础，更应具备开阔的国际视野。教师在进行基于网络课程的混合式教学活动时，应明确其最终的教学目标是学生可持续、全面的发展，注重教学环节中学生的主动探索、积极思考，培养其运用现代科技手段获取信息、评估信息和利用信息的能力，从而养成科学合理的学习习惯，培养学生的创新意识和动手能力，让高等教育实现从"知识习得"层面到"素质教育"层面的转变。

三、构建混合式教学模式应考虑的要素

随着信息技术在高校教学中的影响不断扩大,人们已经意识到传统课堂的局限,开始转向线上的网络课程。大量的网络资源和新型的教学模式吸引了众多研究者和学习者的关注。但与此同时,网络课程翘课率高、完成率低、"刷课"之风盛行等问题层出不穷。在网络课程的基础上构建混合式教学模式,旨在使传统教学和网络课程进行优势互补,对教育活动中的"教"与"学"起到指引性的作用。混合式教学模式以调动学生学习兴趣、实现师生交互学习和提高教学效率为目的。在构建混合式教学模式的过程中,教师应进行全面的考量。笔者认为应考虑以下几方面要素。

(一)学情分析

在混合式教学模式中,学生是教学活动的主体,教学效果直接影响着学生的学习效果。为此,教师在进行混合式教学前需要对学生的特点进行综合性的分析,明确具体课程的教学重点、难点,采用更加行之有效且具有针对性的教学方法。学情分析是课程教学设计中重要的环节,直接影响着混合式教学的成败。学情分为三个层面,即学生的初始能力、普遍学习特征以及学习风格。在分析过程中教师要首先通过调查问卷和访谈调查的形式明确学生的初始能力;其次采用座谈、观察等方法掌握学生的普遍学习特征;最后通过观察、提问等方式归纳总结其学习风格,进行教学反思。

(二)教学设计

教学设计是混合式教学模式实施的重要基石,教师需要提前进行计划安排,如课程内容选择、进度安排、时间要求、专业区分等。其中重点是需明确所授课程是否适合混合式教学。根据已有的研究和相关的调查可知,语言类及

社科类的学科较为适合使用混合式教学模式。因此，在大学英语教学中使用混合式教学模式能够取得较好的效果。大学英语教师要根据学情分析的结果进行科学合理的教学设计。

（三）教学资源

在传统教学模式下，教师在准备教学内容时可用的资源较少，基本上集中在课本、相关参考书籍和现实生活的例子，教师通过讲授的方式来促进学生对知识的理解。而混合式教学则在此基础上融合了网络优质课程、线上自主学习、小组合作及任务活动等混合式、全面的教学资源，这样就需要教师提前筛选网络教学资源来与传统教学内容相结合。在大数据时代背景下，可用的网络教学资源与日俱增，十分丰富，主要包括教材、教辅、媒体素材、网络题库、网络课件等。

（四）教学能力

在基于网络课程的混合式教学中，教师的作用和职责是多重的，不仅仅只是授业解惑，还要兼顾课程教学计划制订、网络自主学习的管理与监督、作业指导以及任务活动的发布、组织交流与评价等方面的工作。教师的首要职责是为学生提供有效的教学资源，引导其进行自主化、探究式的学习。基于网络课程的混合式教学对教师的教学能力提出了更高的要求，教师需要在教学过程中积极反思，提升教学能力。

四、混合式教学模式说明

信息技术的迅猛发展，对高等教育教学的影响与日俱增，线上教育与传统教学的融合为大学英语教学研究提供了新的契机。基于网络课程的混合式教学模式的应用条件日益成熟。笔者根据混合式教学模式的特点和基本原则，结合网络课程的优势资源，进行持续性的混合式教学实践，在实践教学经验中构建出适用于大学英语教学的基于网络课程的混合式教学模式。

在基于网络课程的混合式教学模式中，任课教师要根据学情分析的结果设定总体教学目标，进而进行教学设计与实施，在实际教学活动的过程中进行反思，进而对教学目标、设计、任务活动等进行修订。网络课程的选取应注重教学活动的创造性、应用性及教育性，教师要在教学实践中鼓励学生自主发现问题并探索和解决问题，培养学生的主观能动性，提高个体的综合素质。

本书所述的混合式教学模式也可称为阶段式混合教学模式，共分为课前准备、课堂教学、课后复习与检查三个阶段。该模式的三个阶段由教师和学生借助媒介（网络课程、线下面授课程）进行教与学的活动，同时采用多元化和过程化的评价考核方式。在课前准备阶段，教师进行学情分析、教材分析、教学设计，根据学生在线预习情况进行教案的调整；学生进行预习、在线测验以及线上的讨论交流。在课堂教学阶段，教师进行重点讲授、引导讨论和点评；学生进行小组讨论、课程汇报、互动交流、随堂在线测验。在课后复习与检查阶段，教师编制复习方案、布置作业、进行教学反思，学生复习功课、完成作业、进行讨论和交流。

（一）课前准备

教师根据总体的教学目标，需要完成课前分析，包括学生的学情分析、教师的教学能力评估及教学资源综合分析。首先，通过网络学习平台，以学前知识测验、讨论社区访谈等形式了解和分析学生的初始能力、普遍学习特点和学习风格，从而准确预设本节课的教学目标。其次，基于课前分析的结果，教师对教学资源进行收集、整理和分析，在此过程中教师需要提高自身在教学方面发现问题和分析问题的能力。教师需要选取合适的网络优质课件、视频等线上教学资料。最后，学生根据教师精选的优质资源和预习任务清单，以小组协作的方式进行线上学习。

本书所述的混合式教学模式中的网络课程学习是一种信息技术背景下的网络学习，最初的研究目的是用多样化、科学的方式来促进学生对知识的构建。教师在课前发布的任务均是学生在1小时以内可以完成的。学生可以根据自身特点选择最适合的学习方式，通过视频观看、自我学习、信息探索和小组协作的方式完成学习任务，完成知识体系的自我建构。学生在自主学习过程中所发现的问题通过三种形式来解决。首先，学生通过信息搜索的方式进行自我探究；其次，学生将个人无法解决的部分发布到微信群等学习群组进行生生之间的集中讨论，提高学习效率，合作共赢；最后，对于最终遗留的问题，做好记录，在面授课堂由教师进行解答。在网络课程学习过程中，学生是教学活动的主体和核心，教师则是辅助者、监督者和促进者。

（二）课堂教学

本书所述的面授环节的教学活动为一般的流程，具体教学实践中可因课程类型和教学侧重点的不同而有所变动。线下面授课堂的主要活动包括：引导、讨论、讲授、探索、汇报、点评等。面授阶段可以增加师生以及生生之间的互动，使学生集中注意力，这有助于学生学习效率的提升。

面授课堂教学活动的内容包括对网络课程学习中存疑问题的解决、对学生接下来的任务活动进行的说明和引导、小组协作学习成果的集中展示与评价，以及学习难点的解惑与引导。在混合式教学的面授课堂中，学生依然是主体。教师应尽量给予学生机会来充分地表达与交流，在鼓励学生完成教学目标的同时提高学生的课堂参与度，充分发挥学生的主体作用。在面授课堂教学活动中，学生根据教师在网络平台上发布的预习任务清单，进行其成果展示与汇报；然后师生共同完成对展示小组的评价；学生根据其所阐述的问题进行小组讨论；最后，教师进行引导和解决问题，并进行补充讲解。课堂教学阶段的学习有助于提高学生对知识的掌握程度。

（三）课后复习与检查

课后复习与检查部分巧妙利用网络课程的在线测试功能，以每个教学内容的重点、难点为主要考核内容，要求学生在课后进行在线测试，客观题部分将会及时得到反馈。学生根据测试结果，总结所学章节内容，完成对知识的自我反思与构建。这样既有利于学生对教学重点、难点的把握，也可以充分发挥学生的主观能动性，强化学习效果。学生还可以在网络平台上与教师、同学交流讨论，提出疑问、发表感想。

五、混合式教学的评价设计

教学评价是研究教师的教和学生的学的价值的过程，对教学效果的提高起到积极作用。为了能够切实提高教学效果，更好地发挥混合式教学在高等教育中的积极作用，高校必须构建一套科学的考核评价体系。基于网络课程的混合式教学模式的考核评价体系主要包括以下三个方面的内容。

（一）多元化的评价主体

传统高校教学考核中的评价主体通常都是教师，因此师生关系一直被定义为考核者与被考核者的关系，在整个评价体系中，教师拥有绝对的权威性，学生则只能处于被动接受的位置。

这种单一的、线性的评价体系对学生的学习热情是极为不利的，容易引起学生的抵触心理。同时，这样的考核也存在一定程度的不公平性，教师在评价的过程中不可避免地会出现主观性和片面性，使得评价结果失去了价值和意义。而基于网络课程的混合式教学评价体系融合了多元化的评价主体，如学生的自我考评、教师的主观测评、网络平台的自动测评、生生互评等。其中，学生的自我测评、生生互评不仅使得教学效果得到更为公正的评价，也可以提高学生的课堂参与度，突出学生的主体地位，实现对学生自我反思和探索能力的培养。教师还可以采用网络学习平台的自动测评技术，提供标准答案，测评之后自动反馈给学生。这样既提高了教师的工作效率，又可以让学生及时得到反馈并修正。

（二）全面化的考核内容

混合式教学分为网络课程学习和面授讲解与实践两个阶段，旨在引导学生主动获取知识，并引导其将理论知识应用于实践。混合式教学的评价内容主要是考核学生对知识的掌握程度、应用能力的提升程度和对理论知识的应用能力。不同于传统评价体系中对基础理论和知识的侧重，混合式教学的评价内容更为全面，包括网络课程内容测评、小组合作的具体表现、对待任务活动的态度以及线下实践活动的综合表现等。

其中个人完成情况，如课堂参与态度、表现积极与否及网络课程的综合任务完成情况等考核的是学生学习的主观能动性；小组讨论与协作、成果汇报与展示及组外点评等完成情况用于考查学生对知识的实际应用能力、协作交流能力以及语言组织与表达能力。基于网络课程的混合式教学使评价体系实现了考核内容由"理论认知型"向"能力应用型"的转变。

（三）多样化的评价方法

混合式教学的评价将过程性评价和总结性评价相结合，包括本门课程教学各环节中的自主性评价和学校统一组织的总结性评价。在过程性评价中，教师记录每个小组成员的任务分配和具体完成情况，其中包括面授阶段的代表汇报、组间点评等情况，及时了解、掌握学生的学习动态，适时地改变教学方法和策略，并为进行学生期末最终考核评价提供有效的参考。在总结性评价中，由学校统一安排期中、期末和实践等阶段性考试，通过作业和测试成绩考核学生对本门课程的掌握情况和教学目标的完成情况。两种评价方法的科学融合弥补了传统教学评价体系中"结果论"的缺陷,成功实现了考核评价体系向"价值取向"的转型。

第三节 混合式教学法应用于大学英语教学的路径——以视听课程为例

一、大学英语视听课程混合式教学实施过程

在混合式教学模式中,教学方法以教学内容为依据确定,包括交际法、情景教学法和语法翻译等。大学英语视听课程混合式教学的具体实施过程如下。

(一)前期分析

笔者以《大学英语》(新视野第二版)为教材进行教学模式前期分析,该版教材每一单元的教学有很大的相似性,笔者以其中的知识点为例进行内容分析。单词与语法的识记和应用可以通过网络自学来完成,文章理解和作文则要通过面对面教学来完成,听说对话能力的培养需要两种教学方法相结合。

(二)教学计划的制订

教学计划的制订是上好一节课的基础,教师在第一次授课之前一定要做到对教学对象、教学环境、教学内容等心中有数。一般来说,教师制订教学计划的流程是,首先通过开学的摸底练习等方式了解学生的听说基础;其次通过结合学校已有的教学条件(网络环境、教学媒体、教学时间)安排教学进度;最

后针对教学内容和进程,根据不同的教学单元设计不同的活动,采用混合学习设计的思想,对课程进行设计。

(三)混合式教学策略的设计

常见的混合式教学策略主要包括基于专题的混合式学习、基于问题的混合式学习、基于任务的混合式学习、基于案例的混合式学习、基于研究的混合式学习五种。教师应该根据不同的教学目标和不同类型的教学内容进行合理选择,根据自己学校本身的软硬件水平来设计符合学生学情的混合式教学策略,根据教学的实际,为学生提供适当的阅读指导,使学生的注意力始终在所关注的问题焦点上。如对于程序性知识,采用讨论、案例分析等活动进行教学要比传统的课堂讲授教学效果好。

大学英语视听课程主要采用基于专题和问题的教学模式,笔者预计在每一个教学单元涉及一个主题,这样学生在网络自学中,也可以采用基于专题的混合式学习策略,在面授中教师采用基于问题的教学策略,这样就可以使教学过程有的放矢,强化学生的自主学习能力,从而提高学习效率,提高教学的速度和质量。

(四)修改计划

初步的教学计划形成后,教师根据学生的建议,实时调整课堂面授、网络学习和课后辅导的比例。

(五)教学计划实施

教学计划实施是混合式英语视听教学的关键环节,在这一阶段教师要根据已经制订的教学计划指导学生掌握有关的听说技巧,指导学生利用网络和图书馆资源查阅有关资料,以达到对句法、发音的融会贯通。

主要的学习活动包括:

（1）采用传统的课堂教学方法对教学内容、教学的难点和重点进行详细讲解，通过面对面的教学，及时对教学内容中存在的问题进行突破。在该教学活动中，笔者设计了专门的课堂活动，包括让学生上台演讲、展示学习成果、小组讨论等，以促使学生互相合作。笔者在实施过程中发现，在各种活动中对学生取得的进步进行鼓励和表扬，对帮助学生增强自信心极有帮助。

（2）组织学生以小组为单位，围绕专题进行灵感分享。

（3）教师利用网络平台提出问题，通过与学生同步或异步的方式对问题进行解答。笔者在实施过程中采用了使用比较广泛的微信群的方式。

（4）定期对学生的学习效果进行检测，发放自测题目，以时时让学生对自己的学习内容、学习效果和学习方法进行自我诊断。

在教学计划的实施过程中，教师还应注重改进自己的教学方法，充分利用网络和图书馆资源等，最大限度地优化课后辅助学习、课外探究等过程，让混合式教学融入学生的日常学习，使他们养成进行课上、课后交流的习惯，将自己小组的学习成果和心得用英语表述出来，与全班同学分享，让传统课堂上教师是主角的局面在混合式教学中彻底改变。

（六）教学效果检验

在实施完混合式教学后，要有一个总结及效果检验的阶段。这是一个反思和改进的阶段，教师可以对学生近期的学习情况做一个简要的总结，学生则根据这一阶段的学习情况将自身感受反馈给教师，以发现不足并改进。

二、大学英语视听课程混合式教学实施方法

大学英语视听课程混合式教学包括课前准备、课堂教学和课后复习与检查三个阶段，整个教学实施也要围绕这三个阶段进行。

（一）课前准备阶段的教学实施方法

课前准备阶段教师的主要活动就是指导学生掌握有关技巧和方法，以教师的课前备课和学生的课前预习为主，教师要指导学生利用网络查阅有关资料，了解课文的背景知识和相关问题。

（二）课堂教学阶段的教学实施方法

该阶段的教学方法直接影响着混合式教学效果。在这一阶段，教师要利用多媒体视听技术组织好课堂教学，在整个教学活动中教师是决策者、指导者、组织者。在教学过程中，教师要鼓励学生对涉及的文化知识进行提问或讨论，先在学生中间进行，然后由教师补充总结。针对学生在课前预习中遇到的无法解决的问题，教师要进行集中讲解。此外，教师还可以在课堂教学阶段组织学生开展与教学内容相关的实践活动，培养他们运用语言进行交流的能力。

（三）课后复习与检查阶段的教学实施方法

课后复习与检查阶段要求学生认真复习、巩固所学语言知识点并检查知识的掌握情况。混合式教学模式能够充分利用互联网的优势，这给课后复习与检查阶段的教学带来了极大便利，教师可以将对本节课所学内容进行总结的学习资料上传到网络上，供学生进行课后复习；还可以为学生提供一些练习题，帮助学生检查自己的学习效果。此外，教师还可以根据学生的课堂学习情况向学生介绍一些专门的视听学习网站、适合听说能力训练的影视节目。这样做一方面解决了课时不足、课堂教学时间不足的问题，另一方面也满足了不同层次学生的需求，更有利于学生的个性化学习。

第九章　大学英语教学方法
——情感教学法

第一节　情感教学的内涵

随着教学改革的不断深入，语言教学中的情感教学变得越来越重要。在教学过程中情感交流能够激发学生的求知欲，也会提高英语课堂教学的质量。而且，情感教学的开展能够使学生形成独立健全的个性和人格特征，更好地适应多元化发展的社会。

一、情感的含义及作用

（一）情感的含义

情感是人脑的一种机能，是对客观事物抱有不同好恶而产生的内心变化和外部表现。情感在教学中属于重要的非智力因素。情感的发展，是个性的情感机能和情感品质在有利于个人成长发展和主动适应社会发展方面产生积极变化的过程。

作为非智力因素，情感因素对语言习得策略、习得效果影响明显。

由于情感与态度有着紧密的关系，因此在这里要对态度的定义做一个简要的说明。态度是一个人对待外在事物、活动或自身的思想行为所持的一种向与背、是与非的概括的倾向性。态度又可细分为肯定态度和否定态度、积极态度和消极态度。尽管情感与态度有着密切的联系,但这并不说明情感就等同于态度,情感和态度是有区别的。

情感可分为积极情感和消极情感两类。学习者自身的情感因素既包括态度、动机、性格、自尊心等对学习起到积极推动作用的因素,又包括焦虑、自我抑制等对学习起到阻碍作用的消极因素。

(二)情感的作用

作为教师,其情感因素体现在性格、教学动机和教学态度等方面。教学过程中学习者与他人的互动过程也受情感因素影响。情感因素本身虽然不介入学习内容的处理,却影响到学习的路径、速度与效能,学习态度在英语学习过程中体现为对所学语言的态度、对课堂活动的态度和对教师的态度;动机则在很大程度上影响到学习者的动力与方法选择;性格和自尊心则对学习者与同伴的沟通与合作产生影响。情感具有以下五个功能。

1.激发智力功能

通常,积极的情感能有效激发学生的智力,提高学生的智力水平,促进学生的智力技能超常发挥。

2.动力功能

人的智力因素形成了学习的操作系统,非智力因素构成了学习的动力系统。动力系统发挥的作用越大,操作系统的效率就会越高,学习效果就会越好;反之,学习效果就会越差。

3.调节功能

积极的情感可以对学生的焦虑心情起到调节作用,缓解学生的焦虑情绪,还可以改变学生的学习节奏,减轻学习疲劳。

4.移情功能

学生会将教师在教学过程中的情感迁移到所学的学科中来,所以教师的人格品质和举止行为可通过情感影响教学效果。

5.感染功能

教师在课堂上流露出的情感会直接影响学生的学习情绪,如教师说话的声调、节奏和表情等都会让学生产生共鸣。

总之,积极的情感在人们从事学习和探究真理的活动中可起到积极作用,这主要是因为积极的情感能创造有利于学生学习的心理状态。如果学生具有强烈的学习动机、浓厚的学习兴趣以及大胆的实践精神,那么他们的学习效率将会有很大的提高;如果学生具有乐观向上的态度,他们在参加语言实践活动时会表现得十分积极,这就使他们获得了比其他人还多的学习机会,从而促进了其对知识的掌握;如果学生具有充分的信心和坚强的意志,那么他们就会有勇气面对和克服学习中的各种困难。而消极的情感则往往会对学生的学习和探究活动起到抑制和阻碍的作用,如过于害羞、胆怯以及过于内向都不利于学生参与学习活动,也不利于他们展示自己,更不利于他们独自解决学习中遇到的问题。

其实,越来越多的学生已经意识到自己在听、说能力方面的不足,同时也感受到了各级各类英语考试和就业形势对自己这方面能力的严格要求,因此他们迫切希望加强听、说训练。但不少大学生虽然已经认识到英语口语交际能力的重要性,但由于缺乏自信而不愿开口,怕说错,怕受到教师的责备和同学的嘲笑,这种缺乏自信甚至恐惧的心理也阻碍了他们口语交际能力的提高。由于听力困难、缺乏自信、害怕出错和得到负面评价等原因,很多学生存在一定程度的焦虑,焦虑会给学习者带来心理压力。当他们要用英语进行口头表达时,这种口语的交际性、灵活性和出错的公开性使学习者产生的焦虑程度尤为严重。在中国,英语课堂是学生练习英语口语的主要环境,因此教师要制定合理的教学策略以调节学生的焦虑情绪。

二、情感教学概述

（一）情感教学的定义

对于情感教学的定义，每个人都有自己不同的看法。下面简单阐述一下几种情感教学的定义。

鲁子问指出，情感教学是教师在教学过程中，在充分考虑认知因素的同时，运用一定的教学手段，通过激发、调动和满足学生的情感需要，以完善教学目标，增强教学效果的教学。在人性的理念上，教学过程不但是教与学之间的信息传递和反馈的控制过程，同时也是教学和学生情感交流的过程。学生的学习过程是认知活动和情感活动互相协调、互相作用的过程。

情感教学就是教师以教学活动为基础，运用一定的教学手段来调动、激发和满足学生的情感需求，从而努力做到认知因素和情感因素完美统一，以期达到提高教学效果，促进学生全面、和谐发展的目标。

苏联教学论专家斯卡特金（M. H. Skatkin）认为："我们建立了很多合理的、很有逻辑性的教学过程，但它给积极情感的食粮很少，因而引起了很多学生的苦恼、恐惧和别的消极感受，阻止他们全力以赴地去学习。"情感教学是指在教学过程中师生双方处于积极的情感状态，教师通过语言、态度、行为并借助一定的教学手段来激发、调动和满足学生的情感需要，促进教学活动积极化的过程。

尽管不同的人对情感教学定义的看法不尽相同，但对情感教学的本质认识却是一致的。从最根本的含义上说，情感教学着重从知情交融的教学活动中的情感角度来分析教学现象，提出相应的教学理论和教学认知方法。从现实角度来说，情感教学是对教学实践中长期以来所普遍存在的重认知因素、轻情感因素的不合理现象的一种矫正。

（二）情感教学的理论基础

20世纪60年代，以艾瑞克森（M. Erickson）和罗杰斯为代表的人本主义学家主张将学生看作有别于他人的、有情感的个体。

1977年，杜莱（H. C. Dulay）提出了"情感过滤说"，认为情感过滤是"一种内在的处理系统，它潜意识地通过情感因素来阻止学习者对语言的吸收"。

美国的克拉申对这一理论进行了发展，他认为通过习得可以获取足够的语言输入，然而情感过滤"是阻止学习者完全消化他学习中所得到的可理解性的语言输入的一种心理屏障"。这说明，大量的语言输入并不等于说学生可以学好目的语，因为第二语言的习得还受情感因素的影响。在第二语言习得的过程中，涉及的情感因素体现为文化移情。文化移情要求人们必须在某种程度上摆脱自身的母语文化的约束，从另一个不同的参照系（异文化）反观自己的母语文化，同时又能够对异文化采取一种较为超然的立场，而不是盲目地接受另一种文化或被同化。外语学习者要重新深刻、完整地认识西方文化，并重新认识中国的传统文化，以找到一个能够真正相互对应发展的坐标；应善于文化移情，理解并包容异文化，不能根据自己的情感需求选择性地认识文化，这样会造成文化和交流障碍。

另外，克拉申认为，"语言输入"必须通过情感过滤才有可能变成语言的"吸入"。而且，情感过滤程度越低，语言输入就越容易被吸收；情感过滤程度越高，语言输入就越难被吸收。此后，许多语言学家和教育学家开始探索，并将情感渗透到语言教学之中。随之出现的暗示法、沉默法、全身反应法等都强调了情感在语言学习中的作用，都体现了人本教育的原则。我国在2007年的《大学英语课程教学要求》中就明确了大学英语的教学内容除语言知识、语言技能之外，还应包括人文情感、人文素养和人文理想的培育，体现了从将英语单单作为工具的学习到将英语作为素质教育组成部分的转变。

此后，越来越多的语言学家开始将情感渗透到语言教学之中。美国著名心理学家奥苏贝尔（D. P. Ausubel）认为意义学习必备两个条件：一个是认知范畴，另一个是情感范畴。认知范畴指学生能否掌握相关的知识，情感范畴则指学生是否已掌握相关的内容。斯特恩（H. H. Stern）也认为，"学习，特别是语言学习是一种情感的经历，而学习过程中所诱发的情感对于学习的成功和失败起着关键的作用"。不难看出，在任何学科的教学中，情感都是十分重要、不可或缺的因素，而这在大学英语教学中表现得尤为突出。

在国内，随着中国大学英语教学改革的深入发展，语言教学中的情感问题也越来越受到重视。朱纯、戴曼纯、周娟芬等国内研究者对英语学习者的动机、信念、焦虑感、自我归因能力等的分类、作用及其与成绩的关系都进行了深入细致的研究和探讨。从他们的研究结论可以看出，情感因素在英语教学中的作用尤其突出，英语教学不同于母语教学，英语教学需要情感因素的大力支持，学生对于英语的情感如何在很大程度上决定了学习的最终效果。中外学者的研究表明，学习主体的情感因素对英语学习的成败有着特殊的影响和重要的调控作用。

在信息国际化的今天，学生的真实情况是不容乐观的，他们在认识自我价值、处理人际关系、承受生活的压力或应对一些突发事件时，往往表现得不是很好，经常会不知所措。在处理问题时他们甚至会采取极端的方式。所以，教师在进行英语教学时，除了要培养学生的认知能力，还要关注学生的情感因素，它会影响一个人的未来发展。

（三）情感态度与英语学习的关系

作为课程目标之一的情感态度对英语学习具有十分重要的意义。具体可以从以下几个方面来阐述，包括兴趣、动机、自信、意志、合作精神、祖国意识和国际视野等。

1.兴趣

学习兴趣是学生积极认识事物和积极参与学习活动的倾向，是学习中最现实和最活跃的成分。兴趣对人的行为有很大的推动作用，当人们对某件事情有很浓的兴趣时，就可以满腔热情地从事这项活动，工作效率明显提高。

兴趣对一个人的成功和失败的作用比智力因素更重要。在英语学习中，兴趣的作用十分明显，它能够激发学生的求知欲，推动其积极学习与研究，获取语言知识，习得言语技能。只有学生从内心对英语学习感兴趣，在学习活动中的注意力才会集中，思维也会更加开阔、活跃，记忆效果也会随之提高。

由此可见，培养学生英语学习的兴趣是教师要一直坚持、不能放弃的艰巨任务。

2.动机

动机是内部动因和外部诱因结合而成的心理状态，是由自身形成并加以维持的主观原因。一般来讲，内部动因常由自身的迫切需要而引起，外部诱因则常由于相应的客观存在而引起。愿望、意向、兴趣能产生内部动因，目标能产生外部诱因，两者结合起来便形成了动机。

动机又分为两种：由内部动因进而形成外部诱因的内部动机和由外部诱因进而形成内部动因的外部动机。英语学习者对英语学习本身的兴趣和热爱都属于内部动机。有的英语学习者发自内心地喜欢英语，觉得英语语言魅力无穷，因而学习非常努力，这就是内部动机在起作用。这种类型的学习者的学习更有持久性，不易受外界因素的干扰。相反，持有外部动机的学习者是为了一些外部因素而学习的，如为了通过考试、为了获得文凭或为了受到奖励或出国等。这种类型的学习者，学习一般不能持久，一旦达到目的，便会放弃英语学习。

一般来说，英语学习者内外部动机都有，英语教学研究也更加重视综合动机的作用。学生具备了英语学习的综合动机，就能在学习中产生强大的动力。比如，一个学生原来就对英语有兴趣，希望成为通晓英语的人才，同时又认识到掌握英语可以有所作为，能够将英语作为工具继续深造，那么他就是具有综合动机的人。

3.自信

自信是一种积极的情感，是对自身的一种肯定，是对自己成功的确信程度。通常情况下，自信心强的人对自己的未来保持一种积极的心态，认为自己一定能获得成功；而自信心不强的人总觉得自己能力不够，达不到应有的标准。根据心理学有关理论，只有在自信的前提下其他情感因素才会充分发挥作用。换句话说，要想成功，做任何事情都必须有自信。拥有自信对每个学生都很重要，对学习基础好的学生是这样，对学习有困难的学生更是如此。教学实践证明，始终对英语学习有兴趣，并且坚信自己能学好英语的学生，成功只是早晚的事情。

4.意志

意志是一种心理过程，包括自觉地确定目标，为目标的实现而支配、调节自己的行动，并在此过程中克服种种困难。

在学习英语的过程中，学习者会遇到各种各样的困难。在困难面前，要勇敢地面对，因为学习者的意志在解决困难的过程中尤为重要。

5.合作精神

现代的教育不是简单灌输语言知识的过程，还要使学生各方面的能力都有所提升。培养学生的合作精神和合作能力就是教育的任务之一。

随着新的教学方法和教学手段的使用，学生在教学过程中的主体作用越来越突出，而很多的教学活动是需要进行小组互动的，这就涉及学生之间的合作。良好的合作是一件双赢的事情，既能锻炼学生的合作能力，又能为学生提供更多的学习机会和学习资源。

6.祖国意识和国际视野

祖国意识指了解祖国、热爱祖国、为祖国的建设和发展多做贡献的精神等情感因素。国际视野指胸怀全人类共同发展的精神。

这些看似与英语学习关联不大的情感因素实际与英语学习有直接的关系。深厚的祖国意识和宽广的国际视野对培养学生的跨文化交际能力具有重要的作用。在英语教学过程中，教师不能忽视此方面的教育。

（四）大学英语情感教学的现状

在英语课堂教学中，积极、健康和愉悦的情感对学生理解和掌握英语、提高学生综合运用语言的能力具有重要的影响。那么中国的大学英语教学中情感因素到底受到了多大的重视？在教学中又该如何实施情感教学呢？虽然教师和学生都知道情感教学在大学英语教学中的重要性，但在英语课堂上还没能具体地落实。

1.学生方面

无论做任何事情，正确的态度对成功都起着重要作用。事实证明，所有成绩优异的学生都有着良好的学习态度。但是，现在很多大学生学习英语只是为了应付考试，缺乏正确的学习目的和态度。当然，也有不少大学生是抱着提高自身素质、为将来的事业打下良好基础的目的来学习英语的，但由于学生受到传统的"以教师为中心"的教学模式的影响，往往是被动地听教师讲、记笔记，导致课堂气氛不活跃，课堂活动参与度不高。此外，学生课堂参与意识不强还有两个方面的原因：一方面，很多学生在面对老师和同学说英语时感到紧张和焦虑，总是担心自己说错，很难主动参与课堂活动；另一方面，很多学生的语音、语调不标准，词汇量小，语感也较差，缺少自信，不敢开口，担心老师和同学嘲笑，这也导致学生上课不敢参与课堂活动。有的学生虽然具备英语应用技能，但当他们走向社会时，沟通能力、综合素养偏弱的学生往往缺乏发展的后劲，难以应对多变的环境。

2.教师方面

在中国目前的大学英语教学中，扩招、多媒体课堂教学等客观因素导致现在大多学校采用大班授课，英语课程课时相对较少，但是任务却加重了，教师往往过分强调语言学习的认知因素，如知识点的讲授以及课程进度的完成情况，而忽视了情感因素对语言学习的影响，缺乏良好的课堂教学气氛，不能有效激发学生的学习兴趣、增强学生的自信心。在教学中师生几乎没有情感交流，教学陷入一种沉闷的状态。长此以往，学生对英语学习就会缺乏兴趣，出现上课不认真听讲甚至逃课等现象，学生也因达不到要求而产生焦虑、害怕、紧张、怀疑、厌恶等情感问题，最终影响大学英语教学质量。

第二节　情感教学的目标与原则

一、情感教学的目标

随着教学改革的不断深入，人们逐渐意识到情感因素在教学实践中的必要性和重要性。情感教学要求教师在实施教学的过程中将认知因素与情感因素二者结合起来。长期以来，中国英语教学遵循着"传道、授业、解惑"的古训，却忽视了教学中的情感因素，大学教师们对学生进行的是"填鸭式"教学，教师自己讲自己的，教学的目标只是将知识灌入学生的头脑中，教师在教学中只有知识目标，没有情感目标。那么，情感教学的目标是什么呢？

大学英语情感教学要求学生在对学习、生活和周围的一切产生积极情感体验的过程中，形成独立健全的个性与人格特征，适应现代社会的多元发展。具体来说，大学英语情感教学的目标包括以下几点。

（1）保持学习英语的愿望和兴趣，主动参与有助于提高英语能力的活动。

（2）有正确的英语学习动机，明确英语学习的目的是沟通与表达。

（3）在英语学习中有较强的自信心，敢于用英语进行交流与表达。

（4）能够克服英语学习中所遇到的困难，愿意主动向他人求教。

（5）在英语交流中能理解并尊重他人的情感。

（6）在学习中有较强的合作精神，愿意与他人分享各种学习资源。

（7）能在交流中用英语介绍祖国文化。

（8）能了解并尊重异国文化，体现国际合作精神。

二、情感教学的原则

尽管情感本身并不是学生直接学习的内容，但英语教学的过程是一个"认知＋情感"的过程。情感与教学中学生的智力活动有着密切的关系。同时，教师对学生的情感态度可以影响学生的学习积极性，并间接地影响学生的学习效果。在具体的教学中，情感教学十分必要。教师应了解情感教学的原则，并以此来指导教学的具体实践。

（一）寓教于乐原则

在传统的教学中，教师处于绝对的权威地位，教师是教学活动的控制者。课堂气氛过于紧张而严肃，缺乏与学生的互动，使学生很少有独立思考和解决问题的机会。教学管理应做到"放"而有"度"，"活"而不"乱"，寓教于乐就是一个很好的方法。

寓教于乐原则是指在教学中教师要操纵一切教学变量，激发学生的兴趣，使学生怀着愉快的情绪进行学习。简单来讲，就是使教学在学生乐于学习和接受的状态下进行。有研究发现，当一个人处于快乐的状态，并且对所做的事情有兴趣时，其智能能够得到最大限度的发挥。这是因为快乐和兴趣是一个人进行智能活动的最佳的情绪背景。教师在贯彻这一原则时，虽然目的在于激发学生的兴趣和让学生感到快乐，但不能仅仅停留在情绪调节的层次上，而应该以情绪调节为出发点，引导学生向更高层次的方向发展，使学生达到最佳的学习状态，也使教学达到最高的境界。教师要精心安排教学内容，采用合适的教学方法，设计有效的教学活动，丰富自己的知识，培养幽默感和语言表达能力，让课堂吸引学生，引导他们思考，使他们全神贯注地投入学习活动中。

（二）移情原则

现实中，大学英语教师教给学生语言知识，却忽略了学生作为"人"的情感意识的培养。教育以人为本，必然关注人的存在。当前的大学英语教学过度重视工具性功能，导致了人文性的缺失，这与教育的终极目标——成人是相悖的。毫无疑问，语言教学是教语言的。然而，在实践中，语言又意味着"语言水平"，"语言水平"又意味着"语言成绩"。正因为如此，很多大学英语教师往往把注意力过多地集中在提高学生的考试成绩上。显然，这些教师关注的是语言的工具作用。随着研究的深入，越来越多的学者认为，大学英语教学不应仅仅是为了使学生掌握一种语言工具，而应该对大学生的成长成才起到重要的作用。在英语教学中，教师经常注意不到学生内心的情感需求。教师要加强与学生的情感交流，并且能灵活地运用移情原则。移情原则是指让学生在学习的过程中得到情感陶冶。心理学研究表明，一个人对人或物的情感可以移情到与之相关的对象身上。古语"亲其师，信其道"就是这个原则的最好例证。移情原则在教学中体现在以下两个方面。

一方面，在教学中，移情是指教师个人情感对学生情感加以影响，教师的文化水平、教学水平以及道德素质、人格魅力、精神状态等都会对学生起到很大的感染作用。苏霍姆林斯基认为："教师个人的范例，对于受教育者的心灵是任何东西都不可替代的最有效的阳光。"大学英语教师应努力培养自己超越功利的人格魅力，形成独立自主、富有批判意识的思想观念，不断提升自己的人文精神，拥有博大宽广的胸怀。

另一方面，学生能够被文章中的人物的情感所影响。为此，教师应引导学生认真体会文章作者写作时的情感，并注意进行移情，寓情感、思想、美育于英语教学中，让学生学习知识的同时，也能在生动活泼的教学情境、轻松愉快的教学氛围中受到情感的熏陶，从而促进大学生健全人格的形成。

（三）以情施教原则

以情施教原则指的是教师在对学生进行知识、技能的教授时，应注意在自己的思想、观点中夹杂自身积极的情感认知，通过自己的情感促进学生对知识的消化吸收。这个原则是情感教学中最具代表性的原则。教师应该在教学中贯彻这一原则。这种将知识通过教师自己的情感进行表达的方法和原则可以使学生切实地了解到知识的真正含义，加深学生对于知识的理解。但是，在遵循这一原则时，教师应善于控制自己的情绪，始终使自己处于快乐、激情的情绪状态中，使自己的情绪积极地影响学生，陶冶学生的情操。此外，在处理教学内容时，教师也应考虑到这一原则，做到以情促知、知情并茂。以情施教原则的适用范围很广，教师不仅可以在教学过程中贯彻这一原则，在平时与学生的交际过程中也可以运用。

（四）情感交融原则

情感交融原则是指在教学活动中，教师应重视师生之间交往中的情感因素，积极地以自己的良好情感去引发学生的积极情感反应，发展和谐的师生关系，进而优化教学效果。教学活动是存在于教师与学生之间的一种特殊的交往活动，是以认知信息为中心、师生之间传递情感的交流现象。教师和学生的情感态度对教学质量和课堂氛围有着重要的影响。

英语教学本质上就是教师与学生、学生与学生、师生与文本不断互动交流的过程。英语教学中的情感互动能增进人与人之间的相互了解与信任，让学生学会倾听和接纳，在互动的过程中培养处理人际关系的能力、技巧，从中学会理解、尊重别人。

第三节 情感教学的方法

通过对国内外有关语言教学的研究和分析，笔者深刻体会到教学过程中的情感因素对于提高学生学习英语的兴趣和水平起到重要作用。如何调动学生的积极情感，减少学生的焦虑，从而提高大学英语教学的效果成为亟待解决的问题。在师生共建的课堂互动模式中，教师应有意识地创造各种语言环境，走进学生的内心，积极营造课堂气氛，调动学生学习英语的积极性，还要增强学生学习英语的信心，减少学生学习英语的焦虑感。

一、建立良好的师生关系

随着大学英语教学改革的深入，英语教学的重心已由传统的"以教师为中心"转向"以学生为中心"。但广大英语教师在关注教材、教法的选用及学生认知能力发展的同时，却未能对课堂教学中的情感因素给予充分的重视。事实上，教师不是一切教学活动的控制者和决定者，教学中教师与学生是平等的、合作的活动体，教学要充分体现民主、尊重和信任，形成良好的师生关系。

建立良好的师生关系指的是在教学中改变教师在课堂上的主导地位，使其由教学的主导者变为学生学习的指导者，从而使师生之间形成一种良好、和谐、平等的关系。良好的师生关系对增强学生自信心、激发学生学习兴趣发挥着重要的作用。教师有必要关注学生的情感，与学生建立良好的人际关系。尽管很多情感因素有外显的表现，但更多的情感是内在的。教师只有与学生建立了良好的关系，才有可能进一步了解学生的情感，学生也才有可能愿意与教师交流沟通。另外，和谐融洽的师生关系还能有效促进"以情促知"的教学活动，改变学生以往对教师的恐惧心理。此外，教师还应该促使班级建立和谐、融洽、民主、团结、互尊互重的情感氛围。要想建立良好的师生关系，教师可从以下三个方面着手。

（一）教师确立情感教学观念

情感过滤假设认为，有大量的可理解输入的环境并不等于学生就可以学好目的语了，第二语言习得的过程还要受许多情感因素的影响。语言输入必须通过情感过滤才有可能变成语言"吸收"。克拉申认为影响习得语言的情感因素是：①性格。自信、性格外向、乐于置身于不熟悉的学习环境、自我感觉良好的学习者在学习中进步较快。②动力。学生的学习目的是否明确，直接影响学习效果。目的明确则动力大、进步快；反之，则收效甚微。③情感状态。主要指焦虑和放松，焦虑感较强者，情感屏障高，获得的输入少；反之，则容易得到更多的输入。大学生在学习英语时也面临着各种消极情感的影响，教师必须更多地重视学生的个性特点，关注学生的情感变化，因为大学生的情感教育也是人文教育的一部分。

大学英语的学科特点及其在高校课程中的地位决定了它可以在人文素质教育中发挥重要作用。实现大学英语教学的人文价值取向，关键在于广大英语教师要摒弃以片面追求大学英语四、六级通过率和英语工具性价值观为主导的教育教学理念，重新定位大学英语的培养目标，在大学英语教学中确立人文素质培养的理念与情感教学的观念，高度关注每个学生的情感，体现大学英语教师对学生的人文关怀，使大学生在学习过程中发展综合语言运用能力，提升人文素养，增强实践能力，培养创新精神。在大学英语学习过程中，教师应既让学生学会应用语言，也让他们深刻感受到渗透在教材中的人文精神，使其心灵受到震撼并能自觉主动地转化为自己的行为。

人文主义心理学重视学习者的学习环境和气氛，强调人际关系和个人情感因素对语言能力和语言习得的影响。在语言学习中，学习者只有在放松和和谐的状态下才能最有效地学习和掌握语言知识。而这种放松的学习环境又开始于教师观念的改变,因为对于传统英语教学而言,教师仍是课堂教学的主体。大学英语教师要在制定教学大纲和实施教学计划时,重点考虑如何通过关注学生情感来提高学生的知识技能。教师要注重建立和维持良好的师生关系,努力创设优良的课堂氛围,力争在愉悦的气氛中使学生掌握知识、发展能力、提升修养。

(二)师生的良好互动与沟通

良好、和谐的师生关系的建立需要教师和学生之间进行良好的互动与沟通,可以说沟通是和谐关系建立的基础和前提。

传统的大学英语教学极为重视语言的工具性价值和应试价值,而不同程度地忽视其情感价值。教师总是处于一种高高在上的地位,因此学生会对教师产生敬畏心理,更谈不上与教师进行沟通和交流了。这种倾向非常不利于实现大学英语教学的目标,也阻碍了教师与学生的互动交流。在大学英语教学过程中渗透教师的人文关怀,不仅是实施素质教育的必然选择,也是推进当今大学英语教育改革的重要手段。大学英语教学必须将情感教学有效地融入整个教学过程中,使学生在掌握英语的同时也能潜移默化地受到人文精神的熏陶。

首先,要建立良好的师生情感关系。教师必须具有真诚的品质,在平时的工作和教学中发自内心地关心和爱护每一位学生,公平地对待每一位学生。特别是对一些学习困难或缺少自信的学生,教师要多鼓励、多关怀,少批评指责,要相信他们的潜力,使学生感受到教师的真诚态度。

其次,当学生的学习成绩出现下滑时,教师不应对学生进行无尽的责骂,而应该与学生进行沟通,了解学生最近的学习状态,并帮助学生改善学习状况。当学生了解了教师的态度之后,其就会以积极的态度投入学习,其学习质量就会有所提高。久而久之,整个班级的教学就会在一种和谐的氛围中进行,学生的学习状态和最终的教学效果自然会得到提高。

（三）提升教师的个人魅力

教师要得到学生的认可与接受，首先应具备内在的人格魅力。人格魅力最直接的体现就是教师负责任的态度。负责任的态度是指对一个行为导致的结果仔细地考虑。学校教给学生的不都是正式批准的课程，教师行为对学生的影响也不是事先可以预测的。教师要努力提升自己的个人魅力，使自己拥有热情、负责、真诚、宽容、幽默等优秀品质。教师的教学是学生直接感知知识的有效途径。当教师的课堂教学富于魅力和激情时，学生对知识的记忆就会加深，其学习效果自然会事半功倍。

教师不仅要在课堂上展现自己的个人魅力，还要在日常生活中规范自己的行为，不断提高自身修养，扩展知识视野，努力成为一个富有人格魅力的教师。不论是课上还是课下，学生都能和教师进行情感交流，提出问题和解答问题。

二、深化学生的情感认知，引导学生参与课堂活动

深化学生的情感认知指的是让学生了解自己的学习地位和学习责任。在深化情感认知的过程中，学生会明确自己的学习主体地位，并认识到自己是学习的主体。这种情感的认知会激发学生学习的积极性，使学生了解学习的目的和意义，改变被动学习的局面。教学是师生双方情感活动的过程，教学最重要、最有价值的体现是学生的参与。但是，由于大学英语四、六级考试和传统的"以教师为中心"的教学模式的影响，学生的课堂学习气氛不活跃，课堂活动参与度不高。学生必须改变过去被动的学习方式，主动参与课堂教学，充分发挥自己的主观能动性，从而提高自主学习能力，更好地适应社会需求。

在中国，英语教学历来主要以课堂形式进行，且课堂教学模式大多是"以教师为中心"的模式，顾名思义，就是教师作为整个教学过程的中心。在缺乏目的语语言环境的情况下，英语学习主要在课堂上进行。在大学英语课堂上，

教师作为中心，讲课文、讲词汇、讲语法，组织测试，核对答案。教师向学生传递大量的知识信息，是知识的传授者、教学的绝对主导者，监控整个教学活动的进程。相对而言，学生是知识传授的对象，始终处于被动接受的状态。大学英语教学是英语教师的"一言堂"，虽然比较注重教师的权威性，但是教学的重心在于语言知识的讲解，教学程式单一，不注重对学生学习方法和策略的指导和培训。但课堂是教师教学、学生学习、教师与学生交流沟通的重要场所。在课堂中形成的生生关系、师生关系以及由此形成的课堂气氛对学生的语言学习有着重要的影响。教师要放下架子，积极地与学生沟通，随时掌握学生的情感动向，并利用各种方法和渠道了解并尽快解决学生的困难。学生是很容易产生焦虑的群体，教师需要在教学中对学生的个性进行综合的考虑和引导。这种引导和帮助需要教师切实改变学生被动学习的状态。教师应该积极开展多样的课堂活动，充分利用现代化的教学辅助手段营造积极的英语课堂氛围。根据实际情况，教师可采用个体活动、小组活动、全体活动，如演示表演、集体讨论、小组对话、角色扮演等。

　　形式多样的课堂活动提高了学生的英语表达能力，同时也提高了学生的自主学习能力和合作学习能力。这种合作学习有利于增强学生学习英语的自信心，降低学生的英语学习焦虑。另外，在每项课堂活动开展过程中或结束后，教师可用恰当的方式有意地表扬学生在学习过程中任何细微的进步，从而增强他们的自信心。同时，教师在每位学生回答问题时不要直接纠正学生的语言错误，教师要以信任和鼓励的态度给予学生积极的评价，优化自己的课堂教学。教师可以用更合适的词汇和句子重复学生的观点，这样既能跟学生进行观点沟通，又能指出学生语言方面的错误。对于发音不准确的学生，教师可安排学生利用课余时间进行有计划的语音训练，培养学生说英语的自信。以上做法不仅可以培养学生独立思考和解决问题的能力，还能充分激发学生的参与意识和学习英语的兴趣，同时学生也能根据教师的指导和教学，加强自身对学习的认识。

三、利用多媒体传递情感

在传统课堂上，教学媒体是辅助教师授课的演示工具。而教师的教学主要依赖于传统的教学媒体，黑板、教材作为承载教学信息的主要工具，其单一的内容呈现形式限制了学生的信息输入，满足不了信息时代学生对知识的需求。

计算机网络的迅猛发展以及随之而来的信息化手段的广泛应用使教学活动的时间及空间得到了极大拓展，全球互联网所提供的取之不尽的教学资源也使英语教学新模式的构建产生了多种可能。多媒体教学不是提高教学效果的唯一途径和手段，教师不能一味地追求现代化的教学手段而完全放弃传统的教学方法。但是，多媒体在英语教学中的运用表现出明显的优势，它可以呈现丰富的内容、多样的形式、生动的画面，在情感教学中展现出非凡的能力。它通过鲜明的图像、有趣的声音刺激学生的视觉和听觉，吸引学生的注意力，让学生在头脑中留下深刻的印象，给原本枯燥、单调的教学增添了趣味性及感染力，极大地激发了学生的学习兴趣，进而提高了教学的质量和效率。

多媒体网络具有丰富的、开放的学习资源，学生只要掌握一定的网络操作技能就可以根据自己的需求和兴趣，通过网上检索功能自主选择学习内容、学习方式和学习路径，进行自主学习或与他人进行讨论、交流，开展合作学习。同时，多媒体网络学习资源的交互功能还能及时为学生的学习提供反馈信息，为学生的个性化学习、自主学习创造有利的条件，使学生之间相互帮助、分享学习资源成为可能。目前，在中国大学英语教学中，全面推广利用多媒体进行情感教学的条件尚不成熟，单纯凭借这种新教学模式很难解决当前大学英语教学中学生突出的情感问题和矛盾，尽管这种教学方式是有趣的、易接受的。此外，基于多媒体进行情感教学注定是一个长期、渐进的过程，这就要求教学活动的开展需要结合实际需要，保留传统教学模式中的优良部分，充分发挥传统课堂教学和多媒体教学两种教学模式的优势。教师在传授知识的同时，要注意理解学生的感受，对大学英语课程进行科学合理的调整，确保大学英语教学质量逐步提高，同时使大学生获得健康的心理与人格。

不过，尽管现在时机不太成熟，但不可否认的是，多媒体网络环境下的英语教学能够很好地调动学生学习的积极性和主动性，真正实现以学生为主体，促使学生情感目标的达成。

利用多媒体网络教学还可以增进师生关系，加强情感的沟通与交流。在英语课堂上，教师也是课堂活动的参与者，教师与学生互相尊重、平等交流，使学生在轻松、和谐的环境下更有效地学习。在课下，教师可以借助网络媒体进行师生间的讨论以加深对知识的理解。同时教师也可以通过班级公共邮箱、网络平台等发布信息，布置学习任务，帮助、指导学生，甚至通过开班会、聚餐、手机短信、微博等方式广泛与学生沟通，这些都能使学生的情感态度发生很多变化。

四、对学生的情感问题施以援手

教育学家乔姆斯基曾指出，语言学习本质上是一种由内向外的（精神）培植和生长。大学英语教学不仅要使学生深入了解和掌握英语的语言知识与技能，形成一定的语言运用能力，更要重视对大学生的情感教育和人文精神的培养。英语教学中人文精神的培养是一个内涵极为丰富的概念，既包括教学内容中所蕴含的人文知识的灌输，也包括教学环节中所弘扬的关怀人、尊重人、提升人的人文精神的培养。教师在课上和课下都要无微不至地关怀学生，尊重学生的感受，维护学生的自尊心。

在语言学习过程中，焦虑情绪是阻碍学生顺利学习的最大障碍。焦虑的产生是由学生的害怕和紧张情绪造成的。这种负面的情绪对学生的语言学习十分不利。长期以来，在大学英语教学中，很多高校把学位的获取与大学英语四、六级考试成绩挂钩，迫使学生把通过大学英语四、六级考试作为学习的目的和直接动力，忽略了学生的情绪。这种价值取向背离了大学英语教学的本质，这种教学方法的效果也非常有限。很多大学生陷入了学习的困惑，在英语的单词、语法方面都下了功夫，但是英语文章还是读不懂、学不好，从而会产生情绪波动，比如紧张和害怕。紧张与害怕的心理会分散学生的注意力，随之学生的思考与记忆能力也会逐渐减弱，最终导致储存及输出语言的效率降低，如此恶性循环，将会带来更大的焦虑。教师要帮助学生及时克服这方面的困难，使语言学习上的成功体验与情感的发展相互促进。学生的情感态度往往与他们学习上的成功和失败有密切关系。学习上的成功能够促使其形成积极的情感态度，而积极的情感态度又有利于促进学生在学习上取得更大的成功。为更好地进行情感教学，教师应帮助学生克服情感方面的困难。教师具体应做到以下几点。

（1）多与学习有困难的学生交流，分析困难的性质及程度。教师要耐心指导，并制订改进计划，认真对待学生的点滴进步，鼓励他们迎难而上。

（2）要随时维护学生的自尊心。不能因为英语没学好就轻视学生，要善于发现学生身上的优点，并让其发扬光大。比如，有的学生学习可能不是很好，但是性格开朗、乐于助人，教师就要适当地表扬他，让学生对自己产生信任和感激，这有利于以后的教学活动。

（3）组建学习小组。学习小组的成立可以很好地提高学生的整体水平，教师应该根据学生的不同水平组建学习小组，确保学生在小组中都能做出自己的贡献，确保学习有困难的学生也能有更多的参与机会。

（4）对学生不要过分苛责。面对学生的语言错误不要大声训斥，而要学会与他们一起分析错误的原因，并试着修正，适当降低对学生的要求，让学生在循序渐进的教学过程中恢复学习英语的兴趣。

五、开发学生的智力因素和非智力因素

学生的学习是复杂而漫长的过程,要想提高学生的学习效果,学生智力因素的积极参与必不可少。智力因素影响学习的质量、速度和方式。学习者智力因素包括观察力、记忆力、想象力和思维判断能力。在英语学习过程中,观察力是非常重要的一种能力,表现为对语言现象和规则的感知。记忆力在英语学习中具有非常重要的地位。英语学习既要储存临时信息又要形成稳定的长期信息,英语教学中教师必须注意信息加工技巧和记忆方法培养。想象力是理解新知识和构造新知识的能力。在语言学习过程中,学生要能够通过对语言信息的理解,还原所表达的意义和所指对象,形成对事物、人物、情景、过程、事件等的心理再现。丰富的想象力也是调节学习情绪、促进学习活动和提升学习成效的必要条件。思维判断能力是更高级的心智能力,包括观察、判断、分析和推理等,语言学习在一定程度上也是通过语言加工产生认知能力的过程。语言材料所呈现的信息本身是心智加工(编码)的产物,也是深度理解(解码)的依据。人类在长期的生活实践中形成了许多思维技能和规则,并体现在语法和语篇构造中。

英语学习不仅要有智力因素的参与,也需要非智力因素的积极参与。心理学家认为,非智力因素是指人的智力因素之外的那些参与学生学习活动并产生影响的个性心理的因素,如兴趣、情感、意志和性格等。非智力因素在英语学习过程中发挥着重要的作用。在教学过程中,教师在开发学生智力因素的同时,还要有意识地开发学生的非智力因素,并使两者有机地结合起来。美国心理学家戈尔曼(Daniel Goleman)的《情感智力》一书引起了人们对情感智力这一概念的普遍关注。他把情感智力概括为五方面的能力:自我激励情绪的能力,认识自我情绪的能力,了解他人情绪的能力,控制自我情绪的能力,处理人际关系的能力。教师在教学的过程中,要有针对性地开发和培养学生这五个方面

的能力。

（1）自我激励情绪的能力，包括自制力、专注力及逆境中的应变能力。情商高的人，可以通过点滴的成功及时地进行自我激励，形成良性循环。

（2）认识自我情绪的能力，包括了解自己产生各种感受的前因后果。情商高的人，能够正确地认识自我，在与他人进行交际的过程中及时调节自我、控制自我、驾驭自我，树立信心。

（3）了解他人情绪的能力，包括善解人意，以同情心去了解别人的感受，为他人着想。情商高的人，善于体察别人的情绪，解读他人的情绪反应。

（4）控制自我情绪的能力，包括能够克制冲动及矛盾的情绪；能够展现出真诚与正直；弹性很强，可以很快适应变动的环境或克服各种障碍；具备提升能力的强烈动机，追求卓越的表现；随时准备采取行动，抓住机会。

（5）处理人际关系的能力，其实质就是解读他人情绪的艺术。情商高的人，在追求融洽的人际关系的过程中，逐步具有识别、监控、运用情感的能力。

六、使用形成性评价，增强学生的信心

在中国，减轻学生负担是当今社会教育改革中的热点问题之一。人们普遍认为，减轻学生负担的前提是改革课程，而课程改革的主要方面是更新教学内容和改革教学方式。但是，经调查研究发现，学生负担的主要来源并不是学习任务本身，而是由充满竞争的环境所引发的沉重心理压力。其中教学评价方式是影响学生学习心理的重要因素之一。评价是为实现课程目标服务的，科学的评价体系是实现课程目标的重要保障。

教学评价是大学英语教学质量监督与评价机制的重要组成部分，具有诊断功能、改进与形成性功能、区分优良和分等鉴定功能、激励功能和导向功能。教学评价根据不同的标准，分为不同的类型，包括相对评价和绝对评价，配置

性评价，诊断性评价，总结性评价，等等。一直以来，传统的英语教学就侧重使用总结性评价。评价的内容也多侧重对单纯的语言知识结构的考查。而新课程改革倡导对学生的学习过程进行形成性评价。

形成性评价是1967年由美国的评价学专家斯克里芬（M. Scriven）提出的，后被美国的教育学家布鲁姆引进到教学领域。形成性评价是通过诊断教育方案或计划、教育过程与活动中存在的问题，为正在进行的教育活动提供反馈信息，以提高实践中正在进行的教育活动质量的评价。具体来说，诊断性评价就是指对学生学习过程所表现出的兴趣、态度、参与活动的程度等进行评价，教师依此可获得可靠的教学反馈信息，对每一位学生的学习起到诊断、激励和强化作用。这种情感性的评价，能让教师、家长看到学生一点一滴的进步和成功，在保护学生自尊心的基础上提高学生的自信心和学习的积极性。

通过形成性评价，教师不仅可以及时获取有益的反馈信息，了解教学效果，改进教学方法，提高教学质量，还可以帮助学生了解自身的学习状况，调整学习策略，提高学习效率。形式多样的活动还可以提高学生学习英语的兴趣，使学生的学习积极性、自觉性提高，课堂参与程度提高。大多数学生认为形成性评价给予了他们极大的发展空间，这种强调过程的评价，为他们提供了一个自我展示的平台和机会，提高了他们"说"的积极性和主动性。久而久之，这种过程性评价使学生由被动学习变成主动学习，使学生产生学习英语的成就感和自信心。

在实施课堂教学评价的时候，教师应始终让学生体会到情感上的鼓励，从而使学生减少学习英语的恐惧心理。比如，学生回答问题后，如果回答得很准确，教师要立即给予积极、肯定的评价，如"Very good." "Excellent, thank you."等；如不完全正确，也应加以区别对待，对其中正确的部分表示肯定和鼓励，如"That's almost correct." "Better than last time."等；如果回答错误，也不要全盘否定，更不能责骂、挖苦、讽刺学生，而要尽可能地挖掘他们的闪光点，如可以说"Your answer is not the right answer to this question, but it's also very important."等。这里尤其要强调的是对待一些英语基础较弱的学生，教师更要多鼓励、多关注。比如可以为这些学生"量身定做"一些难度比较低的问题，再辅以肯定的眼神或者动作，充分让学生获得一种学习的成就感。

可见，形成性评价可以帮助教师在英语教学中通过多种途径及时发现学生的学习需求和学习困难，用以调整和改进教学。同时，课堂上及时反馈也有利于学生反思和调控自己的学习进程，增强其学习自信心，从而更加积极地参与教师在课堂上组织的教学活动，形成良性循环。当然，评价的标准还有很多种，比如教师也可以利用小组互评或者是个人自评，让学生充分看到其他同学的长处或者进步。得到同龄人的肯定会使学生获得另一种成就感，有利于其积极情感的形成。

情感因素是影响学生学习的一个重要的非智力因素，起着激发、定向、推动、引导和调节学生学习活动的动力作用，直接影响学生的智力发展和认知过程。而在这种情感的培养过程中，教师起着至关重要的作用。教师在设计课堂合作学习活动时，要考虑多方面的因素，如选择的内容要有趣味性、可行性、真实性和探究性，问题要有一定的开放性，活动要能够帮助学生获取、处理和使用信息，进而使学生逐步提高用英语解决实际问题的能力。同时教师要借助小组评价促使人人参与，给每个小组公开、公平、公正的机会，注意评价的正面鼓励和激励作用，使学生的学习活动进入一个良性循环。只有充分认识到情感因素的作用，才能使它更好地服务于教学。教师要在教学中充分利用和发挥情感因素的积极作用，从而激发大学生对英语学习的爱好和兴趣，增强大学生英语学习的信心，调动大学生自主学习的积极性，培养大学生合作学习的能力，进而提高大学生英语学习的效果。

参 考 文 献

[1] 陈蓓. 高职英语教学中融入课程思政教育的路径研究[J]. 海外英语, 2023（05）：222-224.

[2] 陈海花. SLS任务驱动的多元互动教学模式：江西财经大学大学英语教学改革示范点项目的研究与实践[J]. 江西财经大学学报, 2009（06）：110-114.

[3] 程婷立. 劳创融合的高校英语专业课程教学研究[J]. 创新创业理论研究与实践, 2023, 6（01）：48-50.

[4] 胡瑞珏, 苏海全. 化学化工类双语教学系列课程建设的研究与实践[J]. 高教学刊, 2021（09）：80-83.

[5] 姜敏. 基于产出导向法的职业本科院校大学英语课堂教学实践研究[J]. 海外英语, 2023（03）：139-141.

[6] 李皎. ISEC项目下基于需求分析的EAP学术英语课程设计路径研究[J]. 呼伦贝尔学院学报, 2021, 29（01）：118-122.

[7] 李卿慧. 基于智慧教室的学术英语多尺度教学方法重构[J]. 实验室研究与探索, 2022, 41（02）：233-238.

[8] 廖洁, 风景园林专业英语教学方法探析：评《风景园林专业英语》[J]. 中国蔬菜, 2020（04）：118.

[9] 盛美娟, 王姗. 重构、优化与改革：高校商务英语"课程思政"教学设计研究[J]. 对外经贸, 2022（03）：115-117, 126.

[10] 宋燕, 韩鑫. CLIL教学模式在高校英语专业阅读课程教学中的应用研究[J]. 英语教师, 2023, 23（02）：86-89.

[11] 王丽丽, 刘丽娜. 一流本科课程建设新理念下的邮电高校专用学术英语

课程设计与实践：以北京邮电大学高新课程"现代邮政英语"为例[J]. 黑龙江教育（理论与实践），2022（10）：1-6.

[12] 魏蓉，王震. 语言与育人相融合的"综合英语"教学模式探究[J]. 浙江海洋大学学报（人文科学版），2022，39（04）：80-86.

[13] 叶碧欣，桑国元，邓英华. 项目学习能否提升大学英语教学成效：针对干预实验研究的元分析[J]. 中国高教研究，2022（07）：83-88.

[14] 袁慧. 基于 POA 理论的大学英语移动终端混合式教学研究[J]. 吉林农业科技学院学报，2023，32（01）：111-114.

[15] 祝菁，白广萍. 高校英语网络课堂教学效果研究：评《英语网络课堂教学模式与方法研究》[J]. 新闻爱好者，2019（06）：112.